珍藏本
纪念版

汉译世界学术名著丛书

普遍唯理语法

〔法〕安托尼·阿尔诺
克洛德·朗斯洛 著

张学斌 柳利 译

姚小平 校

2017年·北京

Antoine Arnauld, Claude Lancelot

GRAMMAIRE GÉNÉRALE ET RAISONNÉE

Republications Paulet, 1969

汉译世界学术名著丛书
（120 年纪念版·珍藏本）
出 版 说 明

2017 年 2 月 11 日，商务印书馆迎来 120 岁的生日。120 年前，商务印书馆前贤怀揣文化救国的理想，抱持“昌明教育，开启民智”的使命，立足本土，放眼寰宇，以出版为津梁，沟通中西，为中国、为世界提供最富智慧的思想文化成果。无论世事白云苍狗，潮流左右激荡，甚至战火硝烟弥漫，始终践行学术报国之志，无改初心。

迻译世界各国学术名著，即其一端。早在 20 世纪初年便出版《原富》《天演论》等影响至今的代表性著作，1950 年代后更致力于外国哲学和社会科学经典的译介，及至 1980 年代，辑为“汉译世界学术名著丛书”，汇涓为流，蔚为大观。丛书自 1981 年开始出版，历时三十余年，迄今已推出七百种，是我国现代出版史上规模最大、最为重要的学术翻译工程。

丛书所选之书，立场观点不囿于一派，学科领域不限于一门，皆为文明开启以来，各时代、各国家、各民族的思想与文化精粹，代表着人类已经到达过的精神境界。丛书系统译介世界学术经典，引领时代思想，为本土原创学术的发展提供丰富的文化滋养，为推动中国现代学术和现代化进程做出了突出的贡献。

为纪念商务印书馆成立120周年，我们整体推出“汉译世界学术名著丛书”120年纪念版的珍藏本，寄望既利于文化积累，又便于研读查考，同时向长期支持丛书出版的译者、编者和读者致以敬意。

两甲子后的今天，商务印书馆又站在了一个新的历史时间节点上。我们不仅要铭记先辈的身影和足迹，更须让我们的步伐充满新的时代精神。这是商务人代代相传的事业，更是与国家和民族的命运始终紧密相连的事业。我们责无旁贷，必须做好我们这代人的传承与创造，让我们的努力和成果不仅凝聚成民族文化的记忆，还能成为后来人可以接续的事业。唯此，才能不负前贤，无愧来者。

商务印书馆编辑部

2017年10月

笛卡尔，福柯，乔姆斯基

——《普遍唯理语法》代序

一

1660 年首版的这部《普遍唯理语法》，又叫《波尔·罗瓦雅尔语法》。13 世纪初，在凡尔赛郊野建有一座波尔·罗瓦雅尔修道院。至 17 世纪，该院成为新教让森派（Jansenisme）的据点，高士名流经常出入其间，或在附近的学校讲辩论学，逐渐形成一个学术派别，史称“波尔·罗瓦雅尔学派”。本书的作者阿尔诺和朗斯洛就是该派的两位重要人物。

安托尼·阿尔诺（Antoine Arnauld，1612—1694）出身名门，是一位反耶稣会的斗士，晚年因遭罗马教会迫害而流亡国外。作为神学教授和哲学家，他以善于思辨著称，与马勒伯朗、笛卡尔、莱布尼茨有过论争，为伏尔泰所推许，称赞他极有哲学头脑。撰成本书后，阿尔诺还与皮埃尔·尼柯尔（Pierre Nicole）合著了《思维术》（1662），又称《波尔·罗瓦雅尔逻辑学》。

克洛德·朗斯洛（Claude Lancelot，1615—1695）应是波尔·罗瓦雅尔学派中所谓“隐士”（solitaires）型的人物，不像他的朋友阿尔诺那样好勇争胜，也不以哲学思维见长。他是一位语言教师，擅长语法分析，编写的古典语言教科书流传很广，有两种得以保存下来：一种是《拉丁语入门便捷新法》，首版于 1644 年，到 1761 年已出至第 12 版；另一种是《希腊语入门便捷新法》，发表于 1658 年。《普遍唯理语法》中对希腊语和拉丁语的分析，大抵就依靠这两本书。

《普遍唯理语法》是两位学者合作的产物。从"前言"的口气和所叙的撰著过程来看，朗斯洛是主要作者和执笔者。开篇第一句说，"我曾经投身于各种不同语言的语法研究"，这正是朗斯洛在动笔撰写此书之前所做的事情；而他的朋友阿尔诺则"从未研究过这种学问"，至少没有编写过具体语言的教科书和语法书。但是，语法与逻辑以及思维方式本不可分，阿尔诺能更多地从人类思维、逻辑与语言的关系这一角度考虑问题，他的见解让朗斯洛感到新鲜，"从未在以前或现在的语法学家们那里听到过"。于是，朗斯洛决定把阿尔诺的思想笔录下来，加以归整，融贯到这部新作之中。今天我们读这本书，自然不必去帮他们分清你我，辨别主次。要紧的是，两位作者追求的目标是一致的，所怀的信念也是一样的。他们都试图探发人类语言结构的共性，都相信理性决定着语言的规律。虽然，他们的议论有些已经过时，有些已是无须争辩的常识，可供今人利用的东西似乎不多，但正如他们当年希望的那样，本书探讨的主题没有被今人看轻："言语是人类拥有的巨大优势之一"，"尽我人类之所能至善至美地去发挥这一优势，显然是一件不应小视的事情"；而语言学者"不但要利用这一优势，而且要深刻地认识其背后的原因，并用科学的方法进行分析"（前言）。

人类语言运作的原因究竟何在？这是本书的主题，也是一个

难题,即使在语言学已成为一门独立学科的今天,有物理、生物、心理诸学科的帮助,仍没有明确的答案。科学越进步,认识越深入,问题便越复杂。反倒是在阿尔诺和朗斯洛的时代,这个问题还相对简单一些,因为在两位作者看来,语言运作的根本原因只能到理性中发现。理性是唯一重要的原因,语法应该是唯理的——这种简单的对应关系似乎在概念表达上也得到体现:理性(la raison)、原因(les raisons)、唯理(raisonnée),三者在法语里只不过是同一个词的形式变换。至于"用科学的方法"(par science),科学也正是指理性科学或思维科学,即逻辑学。在古代西方,语法学是与逻辑学一道产生并发展起来的,两个领域有许多术语相重合,这一点在本书中就可以看得很清楚。语法学不但套用了逻辑学的术语,而且套用了逻辑学的规则,例如在第十章里说:"在肯定句里,主语控制着述语,也就是说,主语确定述语,这是一条绝对明白无误的逻辑规则。"

作者当然明白,这样的套用并不都可取。道理很简单:逻辑是"思维的艺术",语法则是"说话的艺术";思维的规律是人类共通的,说话的规则却是因民族而异的。这是朗斯洛研究各种语言的语法的出发点,他说:"我常常寻思那些造成一切语言的共性和某些语言的特性的原理。"(前言)共性可以归诸思维和逻辑,而特性则需要另求解释。一般说来,我们的确可以认为语言共性的基础是人类思维和逻辑的共通性,或者说,语言共性反映了这种共通性。然而,当我们设问:各种语言究竟有多少共性?这时,"共性"首先是一个经验的概念,要想完完全全把握它,就得把上万种语言都考察一遍。即便退求其次,要想实实在在把握这一概念,至少也须把人类语言的十分之一，几百到一千种，认真地分析比较一番。可是，在朗斯洛撰著《普遍唯理语法》的时代，他能握有多少种语言的材料，能把共性建立在多少种语言的基础之上呢？

朗斯洛的确会多种语言，从古典的希腊语和拉丁语，到现代的法语、英语、德语、意大利语、西班牙语，对这些印欧语言他都很熟悉；此外，他也了解希伯来语和阿拉伯语。在本书中他就提到这么七八种语言，这个数目距离追求共性的要求无疑太远了。更大的问题是，这些都属于屈折语言，所以，就类型而言，他只不过掌握了一种。他没有研究欧洲的匈牙利语、芬兰语等黏着语言；他还不知道美洲语言是什么样子，这类被称为“多式综合”或“复综型”的语言进入欧洲人的研究视域，是 18 世纪以后的事情。至于非洲语言的探发，就更晚了。对孤立型的语言，例如汉语，朗斯洛似乎一点也不了解。西班牙教士门多萨（Juan Gonzales de Mendoza，1540—1620）的《中华大帝国史》1585 年就已在罗马出版，利玛窦（Mateo Ricci，1552—1610）的《中国札记》当时也已印行，在欧洲学界都相当有名，通过这类书籍，按理说一般人对中国语言文字应该略知一二。例如比朗斯洛早半个世纪的英国哲学家培根（Francis Bacon，1561—1626），就知道有中国语言文字。培根在《论学术的进展》（1605）和《新工具论》（1620）中探讨了普遍语言的可能性，认为一种普遍的语言应以哲学语法为基础，综合起现有的各种语言形式，以造就“最美好的言语范式”；并且提到汉字，称之为“真字”（Character Real），因为这种字符直接表示事物或概念，有利于载录“真知”（Real Knowledge）。虽然他的汉语知识很有限，对汉语文的性质不免生出种种误解，但他没有忽视这种新发现的语言。

《普遍唯理语法》的作者却忽视了汉语。也许他们不知道有这样一种结构迥异于西语的语言;也许知道有这种语言,而未及着手研究;也许是觉得没有必要把它纳入研讨范围,因为它太不合西语的规矩方圆。

总之,从经验的层面来看,《普遍唯理语法》是很不普遍的。不过,这样的批评对于一部 17 世纪中叶的语言学著作是近乎苛求了。比两位作者略晚,荷兰人维特森(Nicolaes Witsen,1641—1717)在 1666 年旅行至中亚和北亚,也只搜集到 20 种语言的词汇材料,包括格鲁吉亚语、朝鲜语、蒙古语、鞑靼语、汉语等。直到一个世纪以后,为求经验的普遍性而搜寻语言样品的活动才进入高潮。俄国科学院院士帕拉斯(Simon Pallas,1741—1811)主持编辑的两卷本《全球语言比较词汇》(1786/1789),收集了包括汉语在内的 200 种语言和方言;而到了德国人阿德隆(Johann Christoph Adelung,1732—1806)主编的《语言大全或普通语言学》(1806—1817),收录的世界语言和方言已达 500 种。正是这一系列努力,以及针对每一种新发现的语言陆续展开的研究,为"共性"、"普遍"一类原本只有哲学含义的字眼注入了充实的内容,并很快促成了普通语言学的创立。今天,任何一个只懂三两种语言的人都可以谈论语言的普遍性,超脱材料而进行演绎推理,这全是因为前人已经把我们领进丰富绚丽的语言世界,使我们得以坐享归纳的成果。

二

《普遍唯理语法》依赖于亚里士多德以来的传统逻辑,但对这种逻辑并不完全满意。那是一个敢于公开质疑权威的时代。哲学家培根为求"振兴学识"而号召扫除一切"幻象"，进而谋求一种新的思维方法，即所谓"新工具"，以取代建基于三段论的亚氏方法。在法国，笛卡尔（Réne Descartes，1596—1650）提出，除了思维的精神实体之外可以"怀疑一切"，并尝试把几何数理的演绎推导法引入哲学。《普遍唯理语法》的作者想必多少受到笛卡尔的影响，有史家也曾谈及这一点（Robins，1967：123）。乔姆斯基在《笛卡尔语言学：唯理主义思想史之一章》中写道："在许多方面，我觉得这样一种看法很确切：当前的转换生成语法理论本质上是波尔·罗瓦雅尔理论的现代的、亦且更明确的表达。"（1966：38—39）但是，转换生成语法与笛卡尔以及《波尔·罗瓦雅尔语法》的联系具体和直接到何种程度，还是一个问题。据 Kretzmann（1975）分析，在乔氏的《笛卡尔语言学》中这种联系体现在四个方面：

1. 语言的创造性

乔姆斯基认为，与动物"语言"不同，人类语言既不受制于外部刺激或内部情绪，也不为任何实用目的所限；语言运用的创造性在于，它"以有限的手段提供了无限的表达可能"（1966：29）。在《普遍唯理语法》里，类似的说法见于第二部的第一章："言语的精神性是人类相对于一切其他动物的最大优势之一，也是人类理智的最明显的一种表现：我们使用言语来表达思想，我们用 25 个或 30 个音组成数量无限的词。"然而 Kretzmann 认为，作者在此只论及语音，并未考虑语法，仅用这段话来证明《普遍唯理语法》中含有（句法层面上的）语言创造性的思想，说服力是不够的。

2. 天赋论

乔姆斯基说:"普遍语法是要研究那些对任何一种人类语言的形式都具有规定作用的条件。这样的普遍条件不是学来的,它们是一些组织原则,使得语言的学习成为可能";这样的原则是天赋的,或者说是人生来就有的,只有假定存在着这样一些原则,才能解释一个很普通的事实:说话者所能掌握的东西,要比他学过的东西多得多(1966:59—60)。从哲学上讲,乔姆斯基的假定是必要的。问题在于,这是否可以算是笛卡尔的思想?在 Kretzmann 看来,《普遍唯理语法》里面并没有任何类似于此的论述。

3. 描写与解释

乔姆斯基称,笛卡尔语言学不但要描写语法,而且探讨了"语言结构的普遍原则",即普遍语法,而"普遍原则的发现可以对具体语言的事实作出部分解释"(1966:52,54)。对此 Kretzmann 表示怀疑:《普遍唯理语法》确实作了探发普遍结构规律的尝试,但追求普遍原则的努力和有关的哲学阐述在 17 世纪以前就已有了,"笛卡尔语言学"在这方面并无特殊贡献。

4. 深层结构和表层结构

最后,据乔姆斯基的说法,"波尔·罗瓦雅尔语言研究中所阐发的深层和表层结构理论已暗含了递归法(recursive device);这是任何一种充分的语言理论都必须具备的方法,它使得有限手段的无限运用成为可能"(1966:41)。就此 Kretzmann 指出,《普遍唯理语法》的作者确实讲到过语言的递归或循环特性,但他们并没有把这跟语言创造性联系起来。换言之,递归法在两位著者眼中只是一种巧妙的语法手段,他们的认识不像乔姆斯基想象得那么深刻。

如此看来，乔姆斯基似乎有托古之嫌。为证明自己的思想并非凭空而起，与历史传统有一定的联系，他需要到先贤的著作中寻找依托。至于其间的因果关系，究竟事先受到影响，抑或事后悟出联系，这对史家来说很要紧，不能不辨别清楚，而对乔氏本人来说却无关紧要，因为正像他自己所说，他不是一个从事科学史或哲学史研究的专家：

> 我对近代唯理主义传统的态度与科学或哲学领域的史学家不同。我并不想详尽地重构那个时代的人们所持的想法，而只是要指出某些被忽略甚至经常被后世学者严重曲解了的重要认识；我是想说明，那时有人已经察觉一些重要的事情，虽然他们自己可能并未意识到这一点。(1979:77)

他又借一个比方来为自己的做法辩解：

> 我所采用的不是艺术史家的方式，而是艺术爱好者的方式：一个艺术爱好者在寻找他认为有价值的十七世纪作品，而这种价值很大程度上取决于他看待这些作品的现代眼光。其实两种方式都是合理的。我想我们可以重新考察早期的科学知识，利用我们今天的所知来阐明那一历史时期的重大贡献。这是过去最富创思的天才也做不到的，因为他们受到时代的局限。(同上，78)

在他的思想与前人有无联系的问题上，乔姆斯基一直抱怨人们误解了他对历史的认识。如果乔姆斯基的确像他说的那样，只是一个“艺术爱好者”，那么史学家对他的指摘就没有太多意义，因为历史在他已不是研究的对象，而是如何赏鉴的问题。本来，乔姆斯基的贡献就不在于阐解历史，而在于开辟领域、创建体系。

对上述四个方面的联系，应作具体的分析。例如语言创造性的命题，与乔姆斯基联系更为直接的应该不是《普遍唯理语法》，而是洪堡特。洪堡特说过：“语言必须无限地运用有限的手段”；“创造的规律是确定的，但产品的范围以及一定程度上创造的方式却完全是非确定的。”（姚小平，1995：125）乔姆斯基本人在后来的《语言与责任》一书中说得明白：“我对他［按指洪堡特］的努力深感兴趣，正是他明确提出了基于内在化规则系统的自由创造性这一概念；同时我相信，这一观念在笛卡尔的思想中已显端倪，尽管洪堡特不会把自己看作一个笛卡尔主义者。”（1979：78）

再如深层结构和表层结构的区分。由于乔姆斯基的阐发，书中的一个例句在语言学界迅速流传开来。这个句子出现在第九章“论关系代词”：

Dieu invisible a créé le monde visible.（Invisible God created the visible world.）“不可见的上帝创造了可见的世界。”

据两位作者分析，这个单一命题的句子含有三个独立的命题：

1）Dieu est invisible（God is invisible）“上帝是不可见的”

2）il a créé le monde（He created the world）“他创造了世界”

3）le monde est visible（The world is visible）“世界是可见的”

其中，二是主要命题，一和三是从属命题。这样的从属或嵌入关系通常潜存于思维，并不表现出来。当然也可以明确地予以表达，于是就有下列关系从句：

Dieu, qui est invisible, a créé le monde, qui est visible. (God who is invisible created the world which is visible.)"不可见的上帝创造了可见的世界。"

按照乔姆斯基的理解，上述三个命题句是深层结构，而用关系代词 who、which 构成的主从句是由之转换而来的表层结构。然而有人指出（Robins，1967：125；Kretzmann，1975：182—183），这种分析在《普遍唯理语法》中仅此一例，对其他类似的句子并未使用同样的转换法。当然，这对艺术爱好者乔姆斯基来说也算不上问题。真正的艺术品，其价值正在于独一性。

不论《普遍唯理语法》中是否有转换法，或深层、表层的区分，这些其实都属于具体语法的技术手段。乔姆斯基曾经提醒研究者，不要把这类技术手段同普遍语法混淆起来，因为普遍语法是一种元理论（1979：183）。由"标准"理论而"扩充"、而"管约"、而"最简"，多年来乔姆斯基一直在作技术革新，譬如深层、表层的区分，在他新近的"最简方案"中已被取消，但他的基本思想和语言哲学观从未改变。在梳理西方语言思想史的发展线索、探讨乔姆斯基语言理论的来源时，我们仍有必要回到《普遍唯理语法》。准确地说，是回到这样一个时代，当时盛行"普遍"、"唯理"之类观念，同时，欧洲各民族语言的语法和比较语法正从拉丁语法中脱胎而出。一旦回到那个时代，即 17 世纪，就会发现情况之复杂超乎我们的想象。在《语言与心智》中，乔姆斯基曾借用数学家怀特海（Alfred North Whitehead，1861—1947）的说法，称 17 世纪是"天才的世纪"（1968：5），既如此，就不是只有笛卡尔、阿尔诺、朗斯洛几位精英，普遍语法的探索也不独在法国展开。17 世纪的普遍语法与现代的普遍语法之间确实存在概念上的联系，但如果只是到《普遍唯理语法》一本书里寻根求源，就把历史的发展看得过于简单了。生活于同一时代的英国人威尔金斯（John Wilkins，1614—1672），一位堪称“17 世纪典范的哲学语法家”，在其著作《论真实文字，或一种哲学语言》（1668）中就设想过建立普遍语法。乔姆斯基对此书也不会陌生，在《笛卡尔语言学》（1966：28）中提到过威尔金斯关于隐喻语言和非隐喻语言的区分（Subbiondo，1998：1—3）。

三

本书翻译时依据的是法国 Paulet 出版社 1969 年的重印本 *Grammaire Générale et Raisonnée*。此本由迪克罗（Ch. Duclos）加以诠释，并请哲学家福柯（Michel Foucault，1926—1984）撰写导言。在导言中，福柯谈到《普遍唯理语法》时代语言教育理念的变化和教学方法的改革，普遍性和理性的观念，语法学和逻辑学的关系，以及符号理论等等。他本人对符号理论向有兴趣，因此对书中关于符号的说法也很关心。“说话，也即使用人类为之所发明的符号来解释自己的思想”，整部《普遍唯理语法》的构架正是从符号学的角度出发安排的，它由两大部组成：第一部探讨声音，即构成符号（signe）所需的物质方面；第二部探讨各类词，即人们用来表达（signifier）思想的各种方式。或者说，此书的前一小半讲符号的物质性，后一大半讲“[用符号进行]表达的各种方式”。书中并未就符号表达展开论述，唯一明确断定的是：词即符号。但福柯指出，

作者对符号问题有所思考，而且在另一本书《波尔·罗瓦雅尔逻辑学》里面作了阐述。对今人喜欢从《普遍唯理语法》一类经典作品中寻求思想依托的倾向，福柯有些不以为然。在他看来，笛卡尔式的普遍语法并不是一种有待拓展的准语言学（quasi-linguistique），现代语言学也不是一坛装入了旧日普遍语法观念的新酒；“事实上，这是两个不同的认识论体系，其对象并不重合；两者的概念听起来像是同样的，其实所指既不相同，作用也不一样”，可是，乔姆斯基却把普遍语法“归进了转换法的档案”，使之成为现代语言学史的一个部分（iv—v）。

乔姆斯基看到了福柯的评论。一些年后，两位名家在荷兰电视台的一次采访中有过面对面的论争。关于这件事乔姆斯基写道：

> 在节目播出期间及在这之前，我们作了一系列有益的讨论。在荷兰的电视上，我们讲了几个小时，他用法语，我用英语。我不知道荷兰电视观众会得到什么样的印象。我发现我们的看法至少有一部分是一致的，比如在“人性”的问题上。……用艾尔德斯（Elders）的比喻来说，我们是在“从不同的方向攀登同一座山峰”。我的看法是，科学的创造性取决于两个事实：一方面是心智的内在属性，另一方面是社会和知识环境的组合。[两个方面都是必要的，]并无所谓二者取一的问题。为理解一种科学发现，有必要了解这些因素之间的相互作用。但就个人而言，我对第一个方面更有兴趣，而福柯则强调第二个方面。（1979：74—75）

以上谈的是《普遍唯理语法》的时代背景，以及它与当代语言思想的某些联系。了解了这些方面，此书读起来才别有意趣。历史上，这部作品不能算很有名，长时间里极少有人想到去翻阅。直到 20 世纪中叶乔姆斯基创建转换生成语法，声称《普遍唯理语法》为其理论源头之一，它才开始吸引西方学界的目光。不久，J. Rieux 和 B. E. Rollin 将法文原作重新译成英文出版，使读者面更加广泛。在我国，最早的节译见于胡明扬先生主编的《西方语言学名著选读》(1988)，完整的本子则由北外法语系张学斌、柳利两位资深教授承译，于 2001 年由湖南教育出版社首度推出。十年后，译本复由商务印书馆收入《汉译世界学术名著丛书》，是对原著在西方语言思想史上所占地位的认可。

校核过程中，除开比对原文，我还参考了 Rieux 和 Rollin 的英译(1975)。这样做等于是请来两位高手，为我们的汉译把关。添加校注的目的，一则是为说明难点，一则是想为读者提供英语的相应表达或译法。由于英、法两种语言的类型相近，一般说来英译要比汉译更能传达法文原作的意蕴和神情。福柯尝云："一本书的界线从来就不是清晰明了的：它不为标题所限，不受头几行文字和最后一个句号束缚，超出自身的内在布局和独立形式；它跟其他书籍、文本和语句同处一个参照系统；它是网络中的一个节点。……一本书绝不只是我们握在手中的一样东西；它也不可能滞留在那个容纳着它的小小的六面体内：它的统一性是可变的、相对的。"(1972:23)一本古书的意义和价值，取决于后人怎样来读它。时隔三个世纪，《普遍唯理语法》的界线经乔姆斯基之手而延伸到了今天。但它到底是怎样性质的一部书？它与所在时代和当代学术究竟有多少联系？这还有待我们思考。

姚小平

2000 年岁末初笔；2010 年 7 月中改订

参考文献

Arnauld, Antoine & Lancelot, Claude. 1660. *Grammaire Générale et Raisonnée. Contenant les fondements de l'art de parler.* Avec les remarques de Duclos, nouvelleédition, préface Michel Foucault. Paris: Republications Paulet, 1969.

Chomsky, Noam. 1966. *Cartesian Linguistics. A Chapter in the History of Rationalist Thought.* New York: Harper & Row.

Chomsky, Noam. 1968. *Language and Mind.* New York: Harcourt, Brace & World.

Chomsky, Noam. 1979. *Language and Responsibility.* New York: Pantheon Books.

Foucault, Michel. 1972. *The Archaeology of Knowledge.* (Eng. Trans. A. M. Sheridan Smith) New York: Pantheon Books.

Kretzmann, Norman. 1975. "Transformationalism and the *Port-Royal Grammar*". In Rieux & Rollin (eds. and trans.). 1975. pp. 176—197.

Rieux, Jacques & Rollin, Bernard E. (eds. and trans.) 1975. *General and Rational Grammar: The Port-Royal Grammar* (by Antoine Arnauld and Claude Lancelot). The Hague/Paris: Mouton.

Robins, R. H. 1967. *A Short History of Linguistics.* London: Longman.

Subbiondo, Joseph L. 1998. "17th-Century Universal Grammar and Contemporary Linguistics. John Wilkins and Noam Chomsky". *Beiträge zur Geschichte der Sprachwissenschaft.* 8 (1998), 1—9. Münster: Nodus Publicationen.

胡明扬（主编） 1988 《西方语言学名著选读》，北京：中国人民大学出版社。

培根　1997　《新工具》，许宝骙译，北京：商务印书馆。

姚小平　1995　《洪堡特——人文研究和语言研究》，北京：外语教学与研究出版社。

译者说明

一

这本书从地理和时间上看是一位远来的贵客，面对着它，我们会既感亲切，又感生疏：它来自17世纪的法国，时间早于伏尔泰、孟德斯鸠等代表的启蒙运动，在语法研究方面具有启蒙的性质。这本书也不怎么难读，先看一下它的问世背景就好了。

根据法国学者亨利·梅硕尼克(Henri Meschonnic)在《论法语》中所言，第一部法语语法著作《法语学习》(*L'Aprise de français*)由英国人沃尔特·毕贝斯沃尔斯(Walter de Bibbesworth)用盎格鲁-诺曼底方言的诗句写成，目的是教英国人学法语，时为1290年前后。从这个年代直至19世纪中叶，有影响的法语语法著作和影响法语语法研究的著作相继问世，主要有：

1521年，亚历山大·巴克莱(Alexander Barcley)在伦敦发表《法语书写与发音入门》；1530年，让·巴尔斯格拉瓦(Jean Palsgrave)发表《法语释疑》；1532年，吉尔·戴维斯(Giles Dewes)发表《法语认读、发音与说话入门》；1540年，艾蒂安·多莱(Estienne Dolet)在巴黎发表《法语的音调》；1542年，路易·梅格莱(Loys

Meigret)发表《法语书写惯例简论》;1549 年,R. 艾蒂安(R. Estienne) 在巴黎发表《法语-拉丁语词语对照词典,及法语-拉丁语词和词组互译》;1549 年,亚克·佩尔蒂埃(Jacques Pelteier)在里昂发表《法语拼写与语音对话集两卷本》;1550 年,路易·梅格莱(Loys Meiglet)发表《法语语法简论》;1562 年,皮埃尔·拉米斯(Pierre Ramus)发表《巴黎大学王室讲师拉米斯语法》;1582 年,H. 艾蒂安(H. Estienne) 发表《法语与希腊语对照简论》,《廷臣间意大利化法语对话录》,《论法语的优势(书稿提纲)》;1584 年,泰奥多尔·贝兹(Théodore Bèze) 在日内瓦发表《论法语的正确发音》;1587 年,艾蒂安·塔布罗(Estienne Tabourot) 在鲁昂发表《法语音韵词典》;1596 年,奥代·拉努(Odet Lanoue) 发表《法语按字母排列的音韵词典,附法语动词变位简论及法语拼写简论》;1606 年,马雷伯(Malherbe)发表《德波尔特著作评注》;1606 年,让·尼科(Jean Nicot) 在巴黎发表《古代与现代法语宝典》;1611 年,兰德·科格拉瓦(Randle Cotgrave)在伦敦发表《法英词典》;1625 年,夏尔·莫帕(Charles Maupas)发表《为外国人编写的法语语法和句法:发音、拼写以及造句规范》,1634 年,W. 奥菲尔德(W. Aufeild)译成英文,在伦敦发表;1633 年,安托尼·吴丹 (Antoine Oudin) 发表《当代法语语法》;1647 年,克洛德·沃热拉(Claude Vaugelas)发表《法语评论:如何正确地说和写》;1659 年,洛朗·谢夫莱(Laurent Chifflet) 在安特卫普发表《论精撰法语语法》;1660 年,安托尼·阿尔诺(Antoine Arnauld)和克洛德·朗斯洛(Claude Lancelot)发表《普遍唯理语法》;1673 年,卡伊埃 (Cahiers)发表《提交法兰西学院的法语拼写评注集》;1674 年,多米尼

克·布胡尔（Dominique Bouhours）发表《法语新评》，《法语新评续集》；1680年，皮埃尔·利什莱（Pierre Richelet）在日内瓦发表《法语词和物词典》；1687年，J. 安德莱（J. Hindret）发表《正确发音和正确说法语的艺术》；1690年，安托尼·菲雷蒂埃（Antoine Furetière）在海牙发表《法语现代与古代词以及科学艺术百科大典》；1694年，弗朗索瓦·雷尼埃-德马雷（François Régnier-Desmarais）发表《法兰西学院词典》；1722年，塞扎尔·马尔塞（César Marsais）发表《学习拉丁语唯理方法论》；1732年，克洛德·比费埃（Claude Buffier）发表《判断缘由实情简论》；1787年，让-弗朗索瓦·费罗（Jean-François Féraud）在马赛发表《法语校订词典》；1789—1960年，法国国家科研中心（CNRS）在巴黎发表《19与20世纪法语宝典》；1798年，埃蒂安·博耐-孔迪亚克（Étienne Bonnet-Condillac）发表《积分语言》；1811年，拉斯姆斯·拉斯克（Rasmus Rask）在丹麦发表《古北欧语或古冰岛语溯源》；1833年，弗朗兹·葆朴（Franz Bopp）在德国发表《梵语、禅德语、拉丁语、立陶宛语、古斯拉夫语、哥特语和德语比较语法》；1842年，P. M. 齐塔尔（P. M. Quitard）在巴黎发表《法语词源、成语、谚语词典，兼与其他语言比较》；等等。

这段简短的回顾可以告诉我们法语经历的进化路程，以及在每个时期语法研究的实用、描述和理论特点。而其中的《普遍唯理语法》堪称佼佼者，因为它启示着20世纪语言学的理论发展。

二

安托尼·阿尔诺与克洛德·朗斯洛的《普遍唯理语法》发表于1660年,这部语法著作与其他语法著作相比具有特别的意义。

首先,作者最早以符号学的观点考察语言问题,提出说话即使用符号来解释自己的思想,并且进一步指出语言符号中包含两种事实,即声音和意义。在这里我们似乎可以看到二百多年以后现代语言学理论的萌芽:在1916年现代语言学奠基人索绪尔发表的《普通语言学教程》中,语言符号被析为能指和所指的结合体。索绪尔还指出,在语言符号中能指与所指的关系是任意的,而一旦能指与所指的结合成为语言符号,语言符号相对于使用它的社会群体则成为契约。以后有许多语言学家认为,索绪尔的语言学观点受到了埃米尔·迪尔凯姆的《社会学方法的准则》、加布里埃尔·塔尔德的《舆论与公众》、列昂·瓦尔拉的《社会经济研究》的启发和影响。这三位学者对日常生活的现象进行研究,认为人类的智力表现为悟性和理智;公众意识来自混沌之中,然后被投入社会运动当中,于是起着制约的作用,开始了第二次生命。索绪尔认为这也是语言产生和传承的规律。我们可以说,《普遍唯理语法》也启发了《普通语言学教程》的诞生:二位作者对于语言符号的论述可作佐证。

其次,《普遍唯理语法》是最早用理性审视、梳理语法现象的著作之一,这尤其表现在第二部分《词意的各种形式及其所依靠的原理和法则》中。作者说,言语的精神性是人类相对一切其他动物的

优势之一，也是人类理智最明显的一种表现。我们使用言语来表达思想，我们用三十来个音组成数量无限的词，这些神妙的词虽然与我们的现实思想没有丝毫相似之处，却能使他人理解我们的各种精神运动。

既然创造词的目的是为了使别人了解我们的思想，就需要了解词所蕴涵的各种意义。思想具有三类活动：想象、判断和推理。想象是精神对事物的注视，这种注视可以是精神的，例如认识事物的存在、持续的时间，也可以是具体、形象的。判断，即断言所想象的事物是怎么样的或者不是怎么样的，例如在指出“地球”和“圆的”的概念以后，断言“地球是圆的”。推理是用两个判断推出第三个判断。

思想活动中最重要的是概念和判断，因此需要对词进行分类，以使用各类词表达判断。表示实体的词称作实体名词；表示偶性并依附于主题词的词称作形容名词；由于总是重复名词会使人厌烦，因此产生了代词；格（主格、呼格、生格、与格、宾格、夺格）和介词的创立出于同一个目的，即标示事物之间的关系；为把话说得简短，便有了副词，绝大多数副词可以把那些由一个介词和一个名词来表示的意义仅用一个词来表示；动词的主要用途就是表示断言，即表示在使用这个词的话语里，说话人不仅仅构想事物，而且判断和断言这个事物；连词不表示思想的对象，而表示思想的形式，例如联结、割舍、否定、条件等等。

这种以理性为出发点来分析语法现象的传统一直影响着法国语法学和语言学研究。近现代值得一提的有古斯塔夫·纪尧姆（Gustave Guillaume，1883—1960）的心理系统语言学（psychosystématique)，当代则有以语言信息化为目标的认知语言学研究。

纪尧姆在他的心理系统语言学授课提纲中指出，言语中除了表达精神的符号以外，内部没有任何物理性的东西。语言成分除了符号以外，一切都不是物质的。有了语言，我们才能得出“宇宙世界/人”这个简单的关系式。但是他并不认为语言和思想是不可分离的，他说，有人看到语言和思想的关系，便认为二者不可分离。实际上这种关系与人们想象的很不一样。思想是完全自由的、无限变化的，但其捕捉自身的方式是有系统的，语言结构即这些方式的贴切的图像。细心的观察者在语言里看到的机制就是思想捕捉自身的机制。心理系统语言学不是研究语言与思想的关系，而是研究思想捕捉自身的机制，而语言贴切地再现了这种机制。

因此，纪尧姆在论及语言的物质载体与精神的相互适应时说，观察这个过程使我们发现了物质载体与精神在语言结构中的相互照应。比如，法语动词系统即立足于语音这个物质载体的变化，但仔细观察后又会发现，语音变化总是伴随着对应的精神活动。再如，我们经验中的时间概念是一种无以言表的东西，因此时间只能按照空间的形象在n维层面上构成，连贯的语式表现时间的深度，时态系统表现其宽度和高度；所以说，时间若不借用空间表现，我们只能经历它，却不能认识它。

但是，随着语法学、语言学研究的进步和对象的拓宽，纪尧姆也指出了几个世纪以来普遍语法的不足。他指出，总是有人不恰当地评价风靡18世纪的古老的普遍语法。但是这种语法走上了歧途，因为它以为在某些语言的结构中存在着人类思想固有的词类概念，并且声称人类思想离不开这些类别。然而，对于人类言语在地域和历史上更广泛的研究(几千种有据可查的语言)表明,上述所谓普遍的词类并非存在于一切语言之中,即使法语的词类也是言语进化中很晚才产生的结果。在许多语言里,词这个概念与法语的概念就不一样。对此,语言学家萨丕尔(Sapir)在其《语言论》中收集了许多有力的例证。如果把汉语的词与法语的词视为形式上的等量物,那就太简单化了;而根据汉语和法语词类等量的假设来对比这两种语言的句法特征,这样做也是不恰当的。有意义并且可被接受的句法比较只能在词类相似或者至少在构成的基本原理上相似的语言之间进行。当然,比较两种语言的句法如何表达意义,仍是可行的,这就需要打破词类的界限加以考察;这也是在翻译方面讨论意译的根据。

当前,认知语言学的研究是法国许多语言研究机构的一个主要课题,其原因大概是信息化推动着语言学研究的变革。为了解决语言的人工智能化,法国语言学界似乎统一了步调,利用现有的各种理论特别是认知语言学理论,更加缜密地进行词类和句法的分析,以便找出更小的区别性特征。例如,有的学者打通词类和句法的限界,讨论因果关系在不同语言里的表达,为人类思维与语言表达多样化的探索开拓了新的空间;有的把各种词类又分析为更小的类别,例如有的形容词在语句中既可作述语又可作修饰语,有的形容词只可作修饰语而不可作述语;有的动词性补语的施动者是语句的主语,有的动词性补语的施动者是语句的间接宾语,有的动词性补语的施动者是语句的直接宾语;有的动词含有变迁意义,有的动词含有完成意义,有的动词含有重复意义,等等。这些分析无疑进一步揭示了各种词类的区别性特征,促进了语言信息化的工作，使得信息化的语言更加准确。由此我们看到，语言学的研究正面临着新的任务。

三

上文试图介绍了《普遍唯理语法》的理论意义。当然我们也可以把这本语法当作语法教科书来读。每个章节对于我们理解相关语法现象都提供了理性思考，而且向我们展示出语言延革的状况。

形容词属于名词范围。现代法语语法把形容词分为品质形容词（如 rouge）、指示形容词（如 ce，cet，cette，ces）、主有形容词（如 mon，ton，son，ma，ta，sa，notre）。《普遍唯理语法》对形容词作了理性的审视，指出：思想的对象是事物，如地球、太阳、水、木头，人们通常称之为实体；思想的对象也可以是事物存在的方式，例如是圆的、是红色的、是坚硬的，人们称之为偶性。实体自身即可以存在，而偶性只能依靠实体才能存在。表示实体的词称作实体名词，表示偶性并依附于实体词的词称作形容名词。这就是实体名词和形容名词的来源。

形容名词不能独立生存，不是因为它不具有明显的词意，而是因为它具有一个有待于明示的意义。例如“红色的”的明示词意是“红色”；但是“红色的”只是表示红色，却没有明示这种“红色”的实体，因此“红色的”不能在话语里单独存在。话语里应当明示实体，或对实体有所暗示。由于这种有待于明示的意义是形容词的特征，因此，当我们把这种偶性含义从形容词里除掉的时候，便可以把形容词变成实体名词，例如把 coloré（着色的）变成 couleur（颜色),把 rouge(红色的)变成 rougeur(红色),把 dur(硬的)变成 dureté(坚硬),把 prudent(谨慎的)变成 prudence(谨慎),等等。

相反地,在我们把这种偶性含义加入实体名词里的时候,我们把实体名词变成了形容词,例如把 homme(人类)变成 humain(人类的),genre humain(人类),vertu humaine(人类的道德),等等。在希腊文和拉丁文中这类词很多,例如 ferreus(铁的),aureus (金的),bovinus (牛的),vitulinus(牛犊的),等等。但是在法语、希伯来语等语言里,这种形容词比较少,因为法语用 de 表示有待明示的偶性含义,例如 d'or(金子的),de fer(铁的),de boeuf(牛的),等等。

《普遍唯理语法》用了十章篇幅(第十二章至第二十二章)谈及与动词相关的问题,对这些问题进行了理性的审视与梳理。作者认为,动词的本质与主要用途是表示断言,同时也表示愿望、祈求、命令,等等。但由于说话人总是趋于用最少的语言符号表达尽量多的意义,因此总是在断言里加入其他意义,例如加入述语意义,加入主语,或加入时间关系。尽管如此,作者认为动词的本质是表示断言。在这几个章节里,读者会发现作者使用的术语与现代语法的术语不完全一样,譬如他把动词的过去分词分为“副动词”和“形容名词”,但其思路并不难理解。这是对动词的总述,读者可按目录所示参考诸如助动词、自反动词、副动词、过去分词等内容。

随着时间的流逝,语言的语音和语法规则也在不断发生变化,语法理论也随着社会与文化的现实情景更加精深,甚至创立了新的方法和观点。本书中的有些论述已成为历史,但问世于 17 世纪的这本著作至今仍闪烁着智者理性的光辉。

四

《普遍唯理语法》是一部经典著作，作者广征博引，涉及多种欧洲语言和很多背景知识。著名语言学家姚小平教授为汉译文本写了序言并加了精细的校注，这为阅读理解本书无疑会起到画龙点睛的作用。在翻译过程中，又得到法国专家保罗·米拉比尔(Paul Mirabile)先生的大力协助，译者在此谨表感谢。今年商务印书馆决定再版本书。为此次再版，我们重新审视了译文，修订了不当之处。译文中如果仍有不确切的地方，敬请尊敬的读者指正。

张学斌

2016 年 7 月修订

目　　录

前　　言

由于机遇所致而非自己的选择，我曾经投身于各种不同语言的语法研究。[①] 这便促使我常常寻思那些造成一切语言的共性和某些语言的特性的原理。但是，有时候我会遇到拦路的困难，这时我就会把这些困难告诉一位朋友[②]；这位朋友虽然从未研究过这种学问，但他在商讨中却能不断地打开我的思路，消除我的困惑。我提出来的问题促使他对说话艺术的真正基础作了多方面的思考，并把他的想法讲给我听。他的观点坚实可靠，我从未在以前或现在的语法学家们那里听到过如此新鲜、正确的见解，因此如果使之流失，便觉得很遗憾。于是我便请求他允许我在闲暇时把他的所思所述记录下来，收集在一起，并加以整理，这才得以撰成这本小书。尊崇唯理作品的人们或许能在这本书里找到些许令他们满意的东西，他们想必不会看轻本书的主题。既然言语是人类拥有的巨大优势之一，那么，尽我人类之所能至善至美地去发挥这一优势，显然是一件不应小视的事情。也就是说，不但要利用这一优

① “我”，指克洛德·朗斯洛，他写过拉丁、希腊、意大利、西班牙诸语言的语法书。——校者注

② “这位朋友”，当指安托尼·阿尔诺。——校者注

势，而且要深刻地认识其背后的原因，并用科学的方法进行分析，而不是依据习惯行事。

普遍唯理语法

语法是说话的艺术。

说话，也即使用人类为之所发明的符号来解释自己的思想。[①]

我们发现，这些符号中最方便的是声音[②]。

但是因为这些声音转瞬即逝，人们便发明了其他符号，以使这些声音长存可见，这就是文字。希腊人称之为 γραμματα（grammata），而 grammar（语法）这个词就是从这里来的。[③]

我们可以在这些符号中观察到两种事实。第一种是它们作为声音和文字而存在的特性。

第二种是它们的含义（signification），也就是人类为了表达思

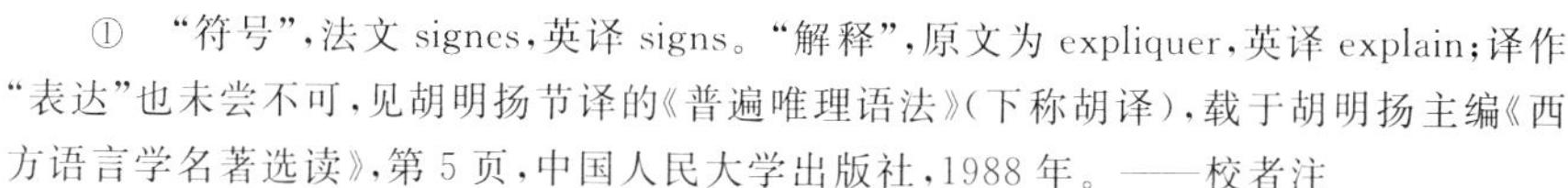

① “符号”，法文 signes，英译 signs。“解释”，原文为 expliquer，英译 explain；译作“表达”也未尝不可，见胡明扬节译的《普遍唯理语法》（下称胡译），载于胡明扬主编《西方语言学名著选读》，第 5 页，中国人民大学出版社，1988 年。——校者注

② “声音”，原文为 les sons et les voix，英译 sounds and vocals。作者在此显然有意识地区分了 sons（一般而言的声音）和 voix（多指人和动物的发声，嗓音）。但以下出现的“声音”一词，用的只是 sons，把 voix 也包括进来了。——校者注

③ 词根为 gramma，“字，书写符号”。可比较希腊语里的一组同源词：grafein“刻，写”；grammé“线条，笔画”；grammateús“书写者，书记员”；grammatiké“字母表，语法书”。按：胡明扬译注说，grammatiké 一词系由 gramma 和 techné 组成，是不对的。Grammatiké 可以单独用，也可与 techné 连用，称为 techné grammatiké“语法术”。——校者注

想而使用它们的方式。

我们将在这本语法书的第一部分里讨论第一种事实，在第二部分里讨论第二种事实。

第 一 部 分

字母和书写文字

第一章　论表音的字母，特别是元音

人们说话时所使用的、称作字母（lettres）的音（sons）是很自然地构成的，然而尚需对它们作细致的讨论。

由于口是发出这些音的器官，因此有的音很简单，开口即成，清晰明白，这种音称作元音（voyelles）。

还有其他一些音，由于它们依赖于诸如牙齿、双唇、舌头、腭部等口腔的某一特别部位的动作，只能在开口时与元音结合起来，才能形成完整的音，这就是辅音（consonnes）。

我们通常可以辨别五个元音，即 a，e，i，o，u。而每个元音又可短可长，使得语音发生很多的变化。除此之外，如果按照口的开合程度观察元音之间的区别，我们还可以往这五个元音的系列里加进四五个元音。例如开口的 e 与闭口的 e 是两个不同的音，即两个不同的元音：①

mèr（海）　　abîmér（毁坏）

nêtteté（干净）　　sèrré（绷紧的）②

① 开口 e 与闭口 e，国际音标分别为[ɛ]和[e]。——校者注

② mèr 为开口 e，abîmér 为闭口 e；nêtteté 和 sèrré 的第一个 e 为开口。又，sèrré 一词英译作 fèrré，恐有误。——校者注

开口的 o 与闭口的 o 也不相同，[①]例如：

côte（海岸）	cotte（短裙）
hôte（主人，客人）	hotte（背篓）[②]

虽然开口的 e 和 o 发音稍长，闭口的 e 和 o 发音稍短，但是这两个元音的变化首先取决于开口的程度，而 a 和 i 的变化则更多地取决于发音的长短，这就是为什么希腊人要为 e 和 o 这两个元音分别制立两个字母，而对另外三个元音却没有这样处理。[③]

另外，拉丁人和今天的意大利人与西班牙人读作 ou[④] 的 u 这个字母，希腊人和法国人的读音却很不一样。[⑤]

在诸如 feu（火）和 peu（少量）等词中的 eu 虽然写作两个元音字母，但它仍然是一个简单音。[⑥]

还有哑音 e，亦称阴韵 e，[⑦]起初它只是一个附着于辅音的清音，不发音，就像辅音后面紧随着其他辅音一样。例如它在 scamnum（板凳）这个拉丁词里不发音。希伯来人称之为非重读央元音（scheva），[⑧]它尤其出现于音节的首端。虽然没有字母来标示它，

---

① 开口 o 与闭口 o，国际音标分别为[oː]和[ɔ]。英译注指出，《普遍唯理语法》里说的“开口 o”和“闭口 o”，正与今天这两个术语的意思相反。——校者注

② côte 和 hôte 为开口 o，或长 o；cotte 和 hotte 为闭口 o，或短 o。——校者注

③ 法文的 e 在希腊文里可转写为 ε 或 η，o 可转写为 ο 或 ω。希腊文的 ε 表示闭口 e，η 表示开口 e；ο 表示闭口 o，ω 表示开口 o。——校者注

④ ou，国际音标作[u]。——校者注

⑤ 希腊文和法文里读作[y]。——校者注

⑥ 这里的 eu 音标作[ɸ]。——校者注

⑦ l'e muet ou féminin，应是指[ə]，见英译。——校者注

⑧ scheva，英译作 schwa，也拼作 shwa。这里的译名“非重读央元音”系根据《语言与语言学词典》（R. R. K. 哈特曼、F. C. 斯托克原著，黄长著、林书武等译，上海辞书出

而且人们对它也不留意，但它却必然存在于一切语言之中。但在有些通俗语言如德语和法语里，这个音用元音 e 来标示，并被加到其他音之上。德语和法语还把阴韵 e 和它依附的辅音视为一个音节，例如 netteté（干净），j'aimerai（我将爱），donnerai（我将给）等词中的第二个音节。虽然操其他语言的人在读希伯来人的 scheva 这个非重读央元音时犯这样的错误，但并没有像德语和法语那样把这个音和它所依附的辅音当作一个音节。更值得注意的是，这个哑音 e 在法语里自身即构成一个音节或半音节，如 vie（生活），vue（视觉），aimée（被爱的）等。①

因此，如果不把同一个音的元音因发音长短所造成的区别计算在内，并且仅仅计算简单音，我们可以区分出十个元音：

a，è，é，i，o，ó，eu，ou，u，以及哑音 e②

由此可以看出这些音在发音时口腔从大到小的开启程度。

版社，1981 年）："shwa，schwa 非重读央元音，混元音这个名称借自希伯来语，指非重读央元音，通常用音标[ə]来表示。"也叫"中性元音"（neutral vowel）。——校者注

① 这三个词今天发作[vi]，[vy]，[ɛme]，词末的 e 都不发音了（在诗歌中有时还保留着这种发音），但在 17 世纪似乎还是发作[viə]，[vyə]，[ɛmeə]。有学者认为，这未必是 17 世纪法语发音的实貌，因为当时的语法学家可能会过分强调 e 的音节价值。见英译注引 M. A. Pope，*From Latin to Modern French*，Manchester：Manchester University Press，pp. 117－118. ——校者注

② 这十个音的国际音标分别为：[a，ɛ，e，i，ɔ，o，ɸ，u，y，ə]。早在 1754 年，法国科学院院士迪克罗（Charles Duclos）就对《普遍唯理语法》主张只有十个元音的观点提出了批评。可参看英译注。——校者注

第二章　论辅音

如果我们依照研究元音的方法来考察辅音，并且仅仅考察各主要语言里所使用的简单音，我们会看到下表里列出的辅音。表中需要注解的地方由编号标出，注释附在表的后面。

单辅音表

拉丁语和通俗语言	希腊语	希伯来语
B，b	B，β	ב[1] Beth
P，p	Π，π	פ Pe
F，f [2] ph	Φ，φ [2]	[3]
V，v 辅音	⅃ [4]	[5]
C，c [6]	K，k	כ Caph.
G，g [7]	Γ，γ	λGhimel
j 辅音	*	י Iod.
D，d	Δ，δ	ד Daleth
T，t	T，τ	νTeth
R，r	P，ρ	ר Resch
L，l	Λ，λ	ζLamed
ill [8]	*	*
M，m	M，μ	מ Mem.

N,n	N,ν	נ Noun.
gn [9]	*	*
S,s	Σ,ς	ס Samech.
Z,z	Z,ζ [10]	aïZaaïn.
CH,ch [11]	*	ש Schin.
H,h [12]	* [13]	ח[14] Heth.

1. 带有一个称作 dagesch lene 的圆点。①
2. φ 的发音在过去带有更多的送气,但现在的发音如拉丁语的 f。
3. 在位于音节的末尾并不带圆点时,其发音如希伯来语的 pe。
4. 这是伊奥利亚语里称作 digamma(双伽马)的字母,把它倒置是为了把它与大写 F 区别开来,其发音如辅音 v。
5. 在位于音节末尾时则如 beth。
6. 读作 k,如在 a,o,u 前一样。
7. 发音如置于 a,o,u 前一样。
8. ll,例如在法语的 fille(女儿,女孩)一词里。② 西班牙语把它置于词首,如 llamar(喊叫),llorar(哭泣);意大利语标示为 gl。
9. 流音 n,西班牙语在上面加一横,写作 ñ;法语和意大利语写作 gn。
10. 就像现在的发音一样,而过去读作 δσ。③
11. 如同在法语词 chose(东西),cher(亲爱的),chu 里的发音一样。④
12. 像在法语词 hauteur(高度),honte(羞愧)里一样发送气音;而在 honneur(荣誉),homme(人)等词里不发送气音时,它只是一个字母,而不是音。⑤

---

① dagesch lene 是希伯来语里的硬音符号,表示一个音要发作原有的硬音,而不带送气。——校者注

② ll,国际音标作[j]。——校者注

③ δσ,希腊字母,转写为拉丁字母是 ds。——校者注

④ 国际音标作[ʃ]。chu 一词不知何义。——校者注

⑤ 国际音标作[h]。在现代法语里,这四个词的首字母 h 都不发音了。——校者注

13. 希腊人的尖擦音，他们过去用 eta，即 H；拉丁人由此采用了 H。
14. 据其真正的发音，是一个送气音。

也许还有其他简单音（如希伯来语里的送气音 aïn①），但这些音发音太难，没有必要把它们包括进语言常用的字母。②

至于希伯来语、希腊语、拉丁语及各种通俗语言的字母表里的其他音，显然不属于简单音，只是跟我们所探讨的某些音相关。

例如，从希伯来语的四个喉音来看，aleph③ 所表示的音在过去相当于 a，he④ 相当于 e，aïn 相当于 o。这可以从源于腓尼基字母的希腊语字母表中看出来。实际上只有 heth 是真正的送气音。

现在 aleph 这个字母只是用于书写，除了与元音连在一起时，它不发任何音。

he 几乎不再发音，它与 heth 的区别只是在于，一个送气稍弱，另一个送气稍强。但有人只把 he 当作送气音，而把 heth 读作 K，keth⑤。

说到 aïn，有的语言里把它读作喉和鼻的送气音。但所有的东方犹太人都不发这个音，aleph 也不发音；另一些人则把它读作流音 ñ。

thau⑥ 和 teth 发同一个音，或者其区别仅仅在于一个送气，另

① 写作 ע。——校者注

② 英译注称，"《普遍唯理语法》一书常显露出民族中心主义立场，这段话便是一个例子。"——校者注

③ 写作 א。——校者注

④ 写作 ה。——校者注

⑤ 英译作 χ，cheth。——校者注

⑥ 写作 ת。——校者注

一个不送气。如此看来，两者当中有一个不是简单音。

caph 和 coph① 也如上所述。

tsade② 也不是简单音，它相当于 t 和 s 的合音。

希腊语字母表里的三个送气音 Φ，χ，θ 也不是简单音，而是由送气的 π，κ，τ 构成的。

ζ，ξ，ψ 这三个双音字母显然是 ds，cs，ps 的缩写。

同样，拉丁语的 x 相当于希腊语的 ξ。

q 和 k 相当于 c 的自然发音。

当后面跟随着元音时，北方诸语言里的 W 相当于罗曼语里的 u 音，即法语的 ou，例如 winum，vinum；当后面跟随着辅音时，相当于辅音 v。

① 写作ק。——校者注

② 写作צ。——校者注

第三章　论音节

音节是一个完整的音，它有时由一个字母组成，但通常由几个字母组成，因此称作音节（希腊文 συλλάβη），即"聚合"（comprehensio 或 assemblage）的意思。

一个元音即可构成一个音节。

两个元音也可以组成一个音节，或进入同一个音节中。在这种情形下，我们称这两个元音为复合元音（diphtongues），因为这两个音合在一起组成一个完整的音，例如：

mien（我的）

hier（昨天）

ayant（动词 avoir"有"的现在分词）

eau[①]（水）

大多数复合元音在拉丁语的日常发音里都不复存在了，比如其中的 ae 和 oe 只是读作 e；但在希腊语里，那些发音准确的人们仍然保持着这些复合元音。

在通俗语言里，有时两个元音只组成一个简单音，比如上文说

① eau 这个词今天的发音是[o]，已不再是双元音了。——校者注

到的 eu，以及法语里的 oe 和 au。但是，两个元音也构成真正的复合元音，如：

ai，ayant

oue，fouet（鞭子）

oi，foi（信仰，信任）

ie，mier，premier（最初，第一）

eau，beau（好的，美的）

ieu，Dieu（上帝）

应该注意的是，以上例子中最后两例并不是三合元音，因为其中的 eu 和 au 仅仅相当于一个单元音，而不是两个单元音。

辅音自身不能形成音节，它们必须由元音或复合元音伴随，或者跟随其后，或者置于其前。其原因在第一章里已经做过阐述。

但是，在同一个音节里可以有好几个辅音连在一起。有的时候，元音前面可以有三个辅音，元音后面有两个辅音，例如拉丁语的 scrobs（沟）；有的时候，两个辅音在前面，三个辅音在后面，如拉丁语的 stirps（根）。希伯来人不允许两个以上辅音置于音节之首或音节末尾，而希伯来语的所有音节都是由辅音开头的，当然这样说要把 aleph 也当作辅音；另外，希伯来语的音节只含一个元音，不会更多。

第四章　论词的音，兼论重音

我们暂且不谈词的意义，而是先谈词的音。词既能发音又能书写。例如 moi（我，宾格），da（是的），tu（你），saint（神圣的）等词只有一个音节，称作单音节词；père[①]（父亲），dominus（长老），miséricordieusement（仁慈地），Constantinopolitanorum（君士坦丁堡的）等有很多音节，称作多音节词。

对于词的发音，最值得注意的是重音（accent）。重音，即在词的一个音节上升高语调，再在随后的音节上把语调降下来。

语调升高称作闭合重音，语调降低称作开启重音。[②] 但在希腊语和拉丁语里，有一些长音节既要升高又要降低语调，于是就出现了第三种重音，称作长音。[③] 长音符记为（ˆ），后来写作（ˉ），表示长音的升调和降调。

---

① père 一词的尾音 e，在 17 世纪时仍是发音的，所以作者说它是双音节词。——校者注

② 闭合重音、开启重音，法文分别为 accent aigu，accent grave，今多译“闭音符”、“开音符”，记号分别为（ˊ）、（ˋ）。相应的英文表达是 acute accent，grave accent。——校者注

③ 长音（circunflexe），源于拉丁语 circumflexus，构自 circum“环绕”和 flectere“弯曲”。——校者注

关于希腊语和拉丁语的重音，可以参见《希腊语和拉丁语入门新法》(*Nouvelle Méthodes pour les Langues grecques et latines*[①])里的有关论述。

希伯来人说话带着很多重音，人们认为这些重音在过去有时曾用于音乐的目的，其中有些重音相当于我们今天的句号和逗号。

希伯来语的自然重音或语法重音总是落在词的倒数第二个音节或最后一个音节上。如果重音是在前面的音节上，则称作修辞重音；修辞重音并不妨碍其他重音落在最后两个音节上。有必要指出的是，同一些重音符号(如 atnach 和 silluk[②])既起分别不同子句的作用，又标示自然重音。

① 此书实为两本，均出自朗斯洛之手，名为《拉丁语入门便捷新法》(*Nouvelle Méthode pour apprendre facilement et en peu de temps la langue latine*，1656)和《希腊语便捷新法》(*Nouvelle Méthode pour apprendre facilement la langue grecque*，1658)。——校者注

② 英译注解释说，在《圣经》里，silluk(本义为"终止")出现在每一韵文的最后一个词下面(也是重读音节)；atnach(或作 atnachta，本义为"休息")出现在韵文的中间，起分断作用。——校者注

第五章　论作为文字的字母

至此，我们仅仅提到用文字标示出来的字母，还没有把字母作为文字加以探讨，没有探讨这些文字与音的关系。

上文已经说过，人们用音作为表达思想的符号，又发明了某些图形作为音的符号。但是，虽然这些图形或文字的用途首先是直接表示音，人们却以为文字是表示意义的符号，而实际上意义是通过音来表示的。如此说来，文字可以用两个方式来考察：文字仅仅表示音，或文字帮助我们构思音所表示的内容。

如果用第一种方式考察文字，应当遵循下列四点才能使之完善：

1. 每一个图形都要标示某个音，即，不发音的图形不应写出来。

2. 每一个音都要有图形来标示，即，没有写出来的音就不该发音。

3. 每一个图形仅仅标示一个简单音或者一个双音。为便利书写而形成的双字母不会损害文字的完善性。

4. 同一个音不能用几个不同的图形标示。

但是，如果用第二种方式（即文字帮助我们构思音所指的内容）进行考察，有时候不循守上述规则——至少不循守第一条和最后一条——对我们却有好处。

这是因为，特别是在派生语言里，有的字母虽然不发音，从语音上看没有用处，却有助于理解词义。例如在法语的 champs（田野）和 chants（歌曲）这两个词里，字母 p 和 t 不发音，但有助于我们理解词义。我们从中可以看到，champs 来源于拉丁语的 campi（平原，田野），而 chants 来源于拉丁语的 cantus（歌唱，歌曲）。

在希伯来语里，有些词的区别仅仅在于，其中一些由不发音的 aleph 结尾，另一些由不发音的 he 结尾。例如，**ידא** 意为“害怕”，而 **ידה** 意为“扔掉”。

如此说来，有些人老是抱怨文字与发音不一致，是没有多少道理的，而且有些人所说的滥用并不是一点用也没有。

大写字母和小写字母的区别似乎也与第四条规则不相符合，因为这条规则要求同一个音不能用不同的图形标示。由于大写字母和小写字母标示同一个音，在仅仅把其书写形式当作声音的标志的情形下，区别大写字母和小写字母的确没有用处。因此先民们并不区分大写字母和小写字母，希伯来语直到现在也不加区分，而希腊人和罗马人曾长期仅仅使用大写字母。但是，大写字母和小写字母的区别在标示长句的开端和专有名词的时候却很有用。

同时，在同一种语言里还有不同的书写方式，例如在拉丁语和一些通俗语言的印刷文字上，有斜体和正体的区别，可用以区分意义；虽然二者在发音上并没有区别，却可以区别某些词句。

这就是发音和文字之间存在不一致的原因。但是，仍有很多发音和文字的不一致现象没有什么理据，而只不过是由于语言的蜕变。例如，当 c 位于 e 和 i 前面的时候，把它读作 s 是一种滥用；

当 g 位于上面两个元音前面的时候，改变它的发音也是一种滥用；当 s 位于两个元音中间的时候，将它软化也是一种滥用；当 t 位于 i 的前面，而 i 的后面又跟有另一个元音的时候，将它读作 s 也是一种滥用，例如拉丁语的 gratia 和 actio，法语的 action。关于上述观点，可以参照《拉丁语入门新法》关于字母的论述。

有些人曾以为，他们可以修正出现在通俗语言里的这种缺点，办法是创造一些新字，以便删掉所有不发音的字，并且用适合于发音的唯一的字母标示声音，例如在 e 和 i 的前面只写 s 而不写 c；拉米斯在他的法语语法里就作过这样的尝试。[①] 但是他们应当看到，由于我们在上文已经说过的原因，这种尝试对于通俗语言往往是没有什么用的，而且实际上这样的尝试也是根本不可能实现的。这是因为，要想使一个民族改变其长期习惯的文字不是一件容易的事情，即使罗马皇帝克洛德(Claude)也没有能够引入任何一个他想使用的字母。[②]

比较理智的做法是删除那些无用的字母，即那些于发音、词义和语言间的类比[③]没有用处的字母。事实上人们已经在这样做了。同时保留一切有用的字母，在字母上写上小标记，以表示它不

---

① 指 Peter Ramus (Pierre de la Ramèe) 出版于 1562 年的《语法》(*Gramere*)。在 1572 年的第二版中他提出了系统的正字法。——校者注

② Claude，或拼 Claudius。《拉丁语入门新法》里提到，这位皇帝曾试图用一个倒置的 Ⅎ 来表示辅音 v。历史上有两个罗马皇帝叫 Claudius：Claudius I (Tiberius，10 B. C. —54 A. D.)，Claudius II (Marcus Aurelius，214—270 A. D.)，这里指哪一个，不详。——校者注

③ “语言间的类比”(l'analogie des langues)：英译注认为，这指的是语言之间的词源联系，如前文提到的 champs 和 chants 派生自 campi，cantus。——校者注

发音，或者表示同一个字母的不同发音。在字母的内部或下部加写一个圆点，可以表示它不发音，例如 temps[①]（时间）。字母 c 已经有软音符（cédille[②]），我们可以在 e 和 i 的前面使用，也可以在其他元音的前面使用。字母 g 的尾部如果不完全闭合，[③]可以表示这个字母在 e 和 i 前面的发音。

以上所述只是一些例子。

① 这个法语词末尾的 ps 不发音。——校者注

② 字母 c 加上软音符，就成为 ç，读作[s]。——校者注

③ 原句为“le g dont la queue ne serait pas toute fermée”，英译“the g with its tail not completely closed”，似指字母 q。——校者注

第六章　论各种语言简便阅读的新方法[1]

这种方法主要适用于还不识字的人。

对于那些开始学习认读的人，仅仅认识字母并不难，难处在于把字母拼起来。

认读的困难在于每个字母都有一个名称，字母在单独读的时候与它和别的字母拼在一起的时候发音不同。例如，当我们教孩子拼 fry 这个词的时候，我们教他发 ef，er，wai 这些音，可是这样做却会使孩子感到困惑，不知道怎样把这三个音连在一起以构成音节 fry。

如此说来，最自然的方法是仿效某些智者的做法，在教认读的时候，首先教会孩子认识字母的拼音，而不教字母的名称；例如在教认读拉丁语的时候，要教他学会字母 e，oe，ae 发同一个音 e；字母 i，y 发同一个音；o，au 在今天的法语里也发同一个音，而意大利人把 au 发为复合元音。

同样，对于辅音，也要把自然的发音教给孩子，最多只在辅音

---

① 作者在作此文的时候，尚无现在使用的国际音标。随着现代语音学和音位学的发展，大约于 1875 年以后，才开始使用音标，到 20 世纪才使用国际音标。第六章是对语音学的最初探索。——译者注

后面加上一个哑音 e,因为哑音 e 对于辅音的发音是必不可少的。比如,把 b 读作 tombe(墓)的最后一个音节,把 d 读作 ronde(巡查,周围)的最后一个音节。其余只有一个发音的辅音也是这样。

对于诸如 c,g,t,s 等具有几种发音的辅音,应该以最自然而通常的音来认读,即把 c 读作 que,把 g 读成 gue,把 t 读作 forte(壮实,有力)的最后一个音节,把 s 读作 bourse(钱包)的最后一个音节。

然后我们就可以教孩子们认读下列音节,而不读字母的名称:ce,ci,ge,gi,tia,tie,tü。还可以让孩子们辨别出 s 在位于两个元音中间的时候读作 z,把 miseria, misère(贫苦)读作 mizeria,mizère。

这些仅仅是学习认读新方法的最一般的注意事项,对孩子们肯定是很有用的。但要使这种方法完善起来,尚需作专门的论述和必要的探讨,以便使这种方法适应于一切语言。

第 二 部 分

词意的各种形式及其所依靠的原理和法则

第一章　为理解语法的基础，必须认识我们的思想过程；而这也是词语出现多样性的基本原理

至此我们仅仅观察了言语的物质方面，至少从声音的角度说，言语的这种物质性对于人类和鹦鹉是共同的。

现在让我们来观察言语的精神方面（de spirituel）。言语的精神性是人类相对于一切其他动物的最大优势之一，也是人类理智的最明显的一种表现：我们使用言语来表达思想，我们用 25 个或 30 个音组成数量无限的词[①]，这种神妙的词虽然与在我们思维中所发生的过程没有丝毫相似之处，却能够使他人揭示其中的秘密，并使他人理解不能进入的思想，理解我们的所思所想和我们的各种心灵活动。

因此，我们可以给词下这样一个定义：词是不同的、清晰的声

---

① 可比较威廉·冯·洪堡特的有关论述："语言必须无限地运用有限的手段"；"创造的规律是确定的，但产品的范围以及一定程度上创造的方式却完全是非确定的。"（参看姚小平《洪堡特——人文研究和语言研究》第 125 页，外语教学与研究出版社，1995 年）由此又影响了乔姆斯基，他把"无限地运用有限的手段"（make infinite use of finite means）看作人类语言的创造特性之一。见其著《笛卡尔语言学》第一章，Harper & Row，1966。——校者注

音，[①]人类用这些声音构成符号，以便表达思想。

由于创造词的目的是为了使别人了解我们的思想，只有首先了解我们的思想过程，才能明确地了解词里面蕴藏着的各种意义。

所有的哲学家都一致指出，我们的思想具有三类活动：想象(concevoir)、判断(juger)、推理(raisonner)。[②]

想象只是我们的精神对事物的注视，这种注视可以是纯精神的，例如当我想到事物的存在、持续过程、思想或上帝的时候；注视的对象也可以具有实体的形象，比如我可以想象一个四方形、一个圆形、一只狗或一匹马。

判断是断定我们所想象的一个事物是怎么样的或不是怎么样的，例如在思考了什么是'地球'和'圆形'之后，我便断言"地球是圆的"。

推理是用两个判断推出第三个判断，例如在断定"一切德行都是值得赞扬的"和"耐心是一种德行"之后，我得出结论说："耐心是值得赞扬的。"

由此可知，第三类精神活动只是第二类精神活动的扩展或延伸。因此，为了探讨我们的课题，只需观察前两类精神活动就可以

① "不同的、清晰的声音"(sons distincts et articulés)，用现代的表达，即具有区分特征和分节性的语音。尤其值得注意的是 articulés 一词，同源于拉丁语 articulus(关节)，本义是像关节一样一个一个连接起来的。洪堡特说："分节音(Articulation)是一种微妙的符号，它正是由人类共同本质最深刻、最实在的特性造就的，借助于这种符号，听说双方才能够以协调一致的方式进行交往。"见《论人类语言结构的差异及其对人类精神发展的影响》第八章。——校者注

② 相应的三个英译名是 conceiving，judging，reasoning。这里的"想象"有"形成概念"的意思(胡译"思考")；concevoir/ conceiving 与 concept"概念、观念"是同源词。——校者注

了，换言之，只需观察蕴藏在第二类精神活动里的第一类精神活动的内容。这是因为，人类说话的目的几乎不是为了简单地表达概念，而总是为了表达对于概念化了的事物的判断。

我们对于事物所做的判断称为命题(proposition)，比如“地球是圆的”(la terre est ronde)就是一个命题。因此说，一切命题都包含两个项，一个称作主项(sujet)，另一个称作述项(attribut)。[①] 主项是断言的对象，如“地球”；述项是断言的内容，如“圆的”；二者由系词(copula)“是”联结起来。

我们很容易看出，上述两个项纯属第一类精神活动，因为它们是概念的内容，是我们思想的对象[②]；而联结(liaison)属于第二类精神活动，是我们思想的运动，是我们思考时的方式。

因此，在我们的思维过程中，最重要的差别是：一方面是思想的对象；另一方面是思想的形式或方式，主要表现为判断。在上述思想的形式或方式里，还应当加入连接(conjonctions)、分离[③](disjonctions)，以及其他类似的精神运动，如愿望、命令、疑问，等等。

其结果是，为了表示一切思想过程，人类不仅需要有符号，还应当对词作最一般的分类，以便使一些词表示各种思想的对象，使另一些词表示思想的形式和方式(尽管思想的形式和方式并不能单独表示出来，而是要跟对象一起才能得到表达)。对此我们将在下文论述。

① “主项”、“述项”，英译 subject，predicate。——校者注

② “对象”(objet)，或可译“客体”。——校者注

③ “连接”、“分离”，胡译“合取”、“析取”。——校者注

上述第一类词就是人们所说的名词、冠词、代词、分词、介词和副词;第二类是动词、连词和感叹词。让我们按照必要的条理和表达思想的自然方式把这些不同种类的词区别开来,且见下文。

第二章　论名词，首论实体名词和形容名词[①]

思维的对象可以是事物，例如地球、太阳、水、木头，人们通常称之为实体（substance）；思维的对象也可以是事物存在的方式，例如是圆的、是红色的、是坚硬的、是有学问的，等等，人们称之为偶性[②]（accident）。

事物或实体与事物的方式或偶性之间的差别就在于：实体自身即可存在，而偶性却只能依靠实体才能存在。

这也就是在表达思想之对象的词之间存在着主要区别的原因。表示实体的词曾被称作实体名词（noms substantifs），表示偶性并依附于主体（sujet）的词则称作形容名词[③]（noms adjectifs）。

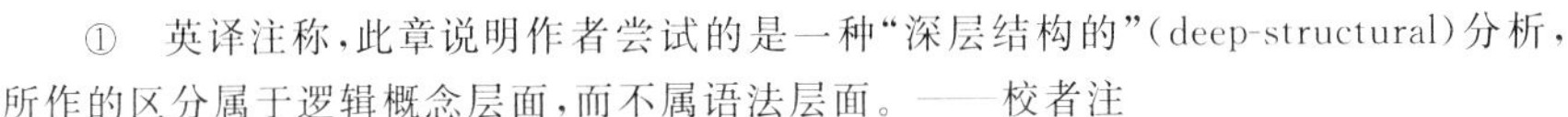

① 英译注称，此章说明作者尝试的是一种“深层结构的”（deep-structural）分析，所作的区分属于逻辑概念层面，而不属语法层面。——校者注

② “偶性”，胡译“附属特性”。——校者注

③ “形容名词”，胡译“附加名词”，并说明如下：“noms adjectifs 在早期传统语法中是名词的一个附类。传统语法根据有无形态变化把词分成两大类，即有形态变化的词和无形态变化的词。而在有形态变化的词中根据变格还是变位分成三类，即变格的名词，变位的动词和既变格又变位的分词。实体名词 noms adjectifs 和附加名词都是名词，都变格，但实体名词能独立运用，附加名词只能附加在实体名词上，两者句法功能不同。后世把实体名词简称为名词或体词（noms）adjectifs，把附加名词简称为 adjectifs，汉译形容词。在本译文中保持‘附加名词’这一较古的名称。”按：adjectif 源出拉丁语 adjectus，即动词 adjicere“添加”的分词形式。——校者注

这就是实体名词和形容名词最初的来源。但人们并没有就此停步，人们更为关心的不是意义(signification)本身，而是表意的方式(la manière de signifier)：由于实体名词可以独立存在，人们便把所有无须依靠另一个名词就可以在话语里独立存在的词称作实体名词，尽管它们有时候是表示偶性。反之，对那些由于自身的表意方式而在话语里必须与其他词相连接的词，尽管它们表示实体，人们也把它们称作形容名词。

在有些情况下，一个名词不能独立存在，这是因为除了明确的词义，它还具有一个含混的(confuse)意义，或可叫作一个事物的内涵(connotation)，它与明确的词义的所指相一致。

如此说来，rouge(红色的)的明示词义是 la rougeur(红色)；但 rouge 在表示红色时，却使这种红色的主体变得含混不清，所以 rouge 不能在话语里独立存在，相应的主体应当在话语里明示或暗示出来。①

由于形容词②是由这样的内涵构成的，当我们把这种内涵从表示偶性的词里去掉的时候，便可以把这些词变成实体名词，例如把 coloré(着色的)变成 couleur(颜色)，把 rouge(红色的)变成

① 此段可以这样理解："红"(rouge)的"红色"(rougeur)一义是确定或明示的，但"红"可表示许多事物，与许多名词结合，其范围是不明确的，因每一所饰对象而生的内涵/伴随意义也是不一致的。印欧语言里形容词和名词的这种形式上的分别——rouge/rougeur，red/redness——有利于逻辑概念的辨别，也有利于词类的划分。汉语里没有这样的词形区别，类似的逻辑分析就要困难一些，但也不是没有。先秦关于"白马非马"的争辩，就是一例。——校者注

② 此处的原文已不是 noms adjectifs，而是 l'adjectifs，故译作"形容词"。当然，按照作者的说法，"形容名词"就是"形容词"。——校者注

rougeur（红色），把 dur（硬的）变成 dureté（坚硬，硬度），把 prudent（谨慎的）变成 prudence（谨慎），等等。

相反，当人们把这种内涵或含混的意义加到表示实体的词上面的时候，就把这些词变成了形容词，比如把 homme（人）变成 humain（人的）、genre humain（人类）、vertu humaine（人类的道德），等等。

希腊人和罗马人有大量这样的词，如 ferreus（铁的），aureus（金的），bovinus（牛的），vitulinus（牛犊的），等等。

但是，在法语、希伯来语和其他通俗语言里这种词比较少，因为法语用 de 来表示类似的观念：d'or（金子的），de fer（铁的），de boeuf（牛的），等等。

如果把这些由实体名词派生而来的形容词所具的内涵去掉，就可以把这些形容词变成新的实体名词，这类实体名词称作抽象实体名词或分离（séparés）实体名词。[①] 这样，把 homme（人）变成 humain（人的）以后，又可以把 humain（人的）变成 humanité（人类，人性），等等。

还有另外一类名词被视为实体名词，虽然它们实际上是形容词，表示的是某种形式的偶性，并要求有一个与这种偶性相关的主体。这类词包括表示人们所从事的各种职业的词，例如 roi（国王），philosophe（哲人），peintre（画家），soldat（士兵），等等。这些名词被视为实体名词的原因是它们的主体只能是人，至少通常是这样；而且根据其最基本条件，没有必要再把实体加于其上，因为

① abstraits，séparés，英译 abstracts，derivatives。——校者注

这种实体已经毫不含糊地得到暗示，词与实体的关系不可能是人类以外的东西。所以，这类词具有实体名词固有的特征，即可以在话语里独立存在。

由于同样的理由，某些名词或代词被认为可以当作实体名词使用，因为这些词与一个非常普通的实体相关，而这个普通的实体又很容易并明确地被暗示出来。例如：

> triste lupus stabulis（狼对于羊群是可怕的），言外之意是negotium（麻烦）；
>
> patria（家乡），言外之意是 terra（土地）；
>
> Judœa[①]（犹太），言外之意是 provincia（外省）[②]。请参见《拉丁语入门新法》。

我曾经说过，形容词具有两重意义：一重是明确的，即词形（la forme）的意义；另一重是含混的，即形容词所修饰的主体的意义。但是，却不能因此就说形容词更直接地表示词形意义，而间接表示主体的意义，似乎明确的意义就是最直接的意义。恰恰相反，形容词直接表示主体的意义（就像语法学家说的那样，in recto[③]），虽然含混地把这种意义表示出来；而形容词虽然明确地表示了词形的意义，却是间接地把它表示出来（用语法学家的话来说，即 in obliquo[④]）。所以，尽管 blanc“白色的”（拉丁语 candidus）直接表

① 英译拼作 Judea。——校者注

② 胡译此处有遗漏。——校者注

③ 拉丁语，意为“直接，准确”。——校者注

④ 意为“间接，歪斜”。——校者注

示具有白色特征(habens candorum)的事物，但表示的方式却非常含混，并没有明示任何可以具有白色特征的事物；另一方面，blanc虽然只是间接地表示白色，但表示的方式却又像blancheur(拉丁语candor"白色")一样，是明确的。

第三章　论专有名词和普通名词

我们有两种概念：一种概念表示个别事物，比如每一个人关于自己的父亲和母亲的概念，关于自己的一位朋友的概念，关于他的狗、马的概念，关于他自己的概念，等等。[①]

另一种概念表示一些类似的事物。一个概念适用于所有这些事物，比如关于人的总的概念，关于一般而言的马的概念，等等。

表示个别概念的名词称作专有名词(noms propres)，如“苏格拉底”这个名词表示一位名叫苏格拉底的哲人，“巴黎”这个名词表示称作巴黎的城市。

表示普通概念的名词称作普通名词或通称名词(noms généraux ou appellatifs)，例如“人”这个词表示一般而言的、所有的人，“狮子”、“狗”、“马”等词也是这样。

专有名词往往也可以用于许多个体，如“皮埃尔”、“让”等等，但这只是偶然发生的，这是因为不少人取了同一个名字。在这种情形下，应当加入其他名词，限定其词义，才能使它成为专有名词。例如“路易”这个名词就可用于很多人，只有说“路易十四”的时候

① “概念”，法文 idée，英译 idea。也可译作“观念”。——校者注

才能表示当今的国王。但是往往又无需加入什么词来限定，因为语境[①]可以使人明白究竟指的是谁。

① "语境"，法文 les circonstances du discours，英译 the context of discourse。——校者注

第四章　论单数和复数

普通名词表示很多事物，这类名词可以通过不同的方式来考察。

1. 我们可以用这些普通名词表示它们可以表示的事物中的某一个，也可以用这些普通名词表示某种总体，哲学家们称这种总体为全称总体（unité universelle[①]）。

2. 我们也可以用这些普通名词表示若干事物的集合，并且仍把它们看作若干个。

为了区别这两种表意方式，人们创造了两种表示数（nombres）的方式：单数（singulier），如拉丁语 homo，法语 homme（人）；复数（pluriel），如拉丁语 homines，法语 hommes（人们）。

有的语言，比如希腊语，在名词表示两个事物的时候还使用双数（duel）。

希伯来人也使用双数，但只是表示成双对的事物：或是自然的双数意义，如双眼、双手、双脚，等等；或是人为的双数意义，如磨盘、剪刀，[②]等等。

---

① 英译 universal unity。——校者注

② 磨盘（des meules de moulin）分上下两爿，剪刀是两把刀合而为一，故都用双数。现代印欧语言里，剪刀仍与量词“对、副”连用（如英语 a pair of scissors），正是双数

如此说来，专有名词自身没有复数，因为其特性决定了它们只能够用于单数。如果说人们有的时候把专有名词用于复数，这仅仅是一种修辞格，即把一切与专有名词相似的人包括进来，例如恺撒们(les Césars)，亚历山大们(les Alexandres)，柏拉图们(les Platons)，其意思是像亚历山大一样英勇的国王们，像柏拉图一样博学的哲人们，等等。但也有的人不赞成这样的说话方式，认为这种说话方式虽然可以在所有的语言里找到例证，但仍然有悖逆自然。这种说话的方式在所有的语言里都有例证，因此得到公认，也就不能够完全把它排除在外，只不过要注意适量使用而已。

而所有的形容词都必须有复数，这是因为形容词在本质上都含有某个含混的主体意义，这就使得形容词至少在表意方式上可以适应于复数，虽然在实际上它们可能只适应于单数。①

至于实体名词，它们好像都应当具有复数，这是由它们的本性决定的。但是根据习惯和某种原因，很多的实体名词没有复数。因此，诸如 or(金)、argent(银)、fer(铁)等金属名词几乎在所有语言里都没有复数。我想其原因是各种金属的每一个部分都非常相似，这便使得人们通常认为每一种金属本身并不具有很多的个体，而是由很多部分构成的一个整体。这也表现在我们的法语里，法语在表示一种金属的时候要使用 de 这个表示部分的小品词②，例

概念的遗迹。——校者注

① 英译此处有一注："例如 omniscient(无所不知的)一词，只适用于上帝。"——校者注

② "表示部分的小品词"，原文为 la particule de partition，英译 the partitive particle，胡译"助词"。——校者注

如 de l’or(金子),de l’argent(银子),du fer(铁),等等。人们完全也可以说 fers(“铁”的复数),但其意义不仅仅是“铁的一部分”,而且还表示“铁链”的意思。拉丁人也说 oera①,但是这个词的意义是“钱币”或诸如钹等乐器。其他金属也是如此。

① oera,原拼如此,英译改作 aera,现在一般也取 aera 这一拼法(见谢大任主编《拉丁语汉语词典》aes“铜、青铜”条)。——校者注

第五章　论词性

由于形容名词在本质上适应于复数，因此，为了使话语清晰明白，也为了通过词尾的多样化把话语变得优美，人们便根据形容词所修饰的实体名词，使形容词也发生多样的变化。

而人类首先关注的是自身。于是，人们首先看到在他们自己身上就存在着明显的差别，这就是两性的差别，因此认为需要使每个形容词发生变化，也就是说，在形容词修饰男人和女人的时候，要用不同的词尾。例如：

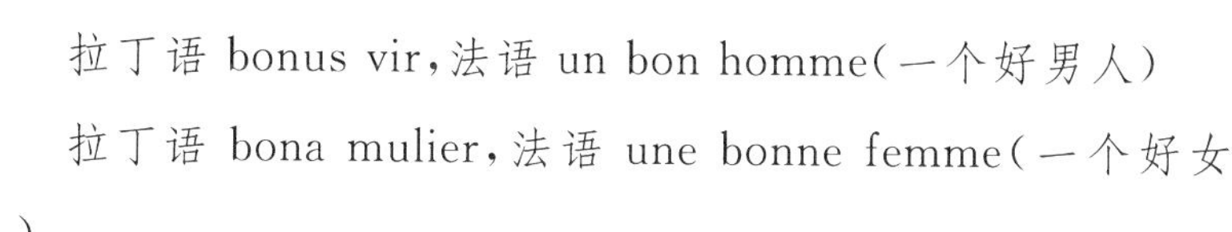

拉丁语 bonus vir，法语 un bon homme（一个好男人）

拉丁语 bona mulier，法语 une bonne femme（一个好女人）

这就是人们所说的阳性和阴性。

但是事情到这里还没有结束。由于这些形容词不仅可以修饰男人或女人，还可以修饰别的事物，人们便把本来用于表示男人和女人的不同的词尾加在了修饰其他事物的形容词后面；于是人们就像区别男人和女人那样，把其他实体名词统统分成了阳性和阴性两类。在有的情形下，人们这样做是有某些道理的，例如拉丁语里表示由男人担任的 rex（国王），judex（法官），philosophus（哲学家、哲人）等词（我们已经说过，这些词并不是真正的实体名词）属于阳性，这是因为这些词暗示了“男人”；而表示女人充当的角色的词则属于阴性，如 mater（母亲），uxor（妻），regina（王后）等等，因为这些词暗示了“女人”。

有的时候，人们这样做却是任意的或没有道理的。因此阳性与阴性的区别在不同的语言里就不一样。甚至于一种语言从另一种语言借用的词，其语法性别也与原来语言里的不一样。例如 arbor（树）在拉丁语里是阴性名词，而在法语里却变成了阳性 arbre（树）；dens（牙齿）在拉丁语里是阳性，在法语里却变成了阴性 dent（牙齿）。

在有些情况下，随着时代的不同，阳性或阴性在同一种语言里也会发生变化。例如根据普里欣[①]，alvus（肚子）一词在拉丁语里曾经是阳性，后来变成了阴性；navire（船舶）在法语里曾经是阴性，而后来变成了阳性。

同一个词可以被一些人用作阳性，被另一些人用作阴性，这种变化使得这些词的语法性别难以确定。例如拉丁语的 hic finis（这一界限，阳性）或 hoec finis（这一界限，阴性）；又如法语的 comté（伯爵领地）和 duché（公爵领地）。[②]

① 普里欣（Priscian），公元 5 世纪后半叶的语法学家，所著 *Institutiones grammaticae*（《语法原理》，一作 *Institutio Grammatica*）一书成为中世纪最通行的规范和教学语法。英国语言学史家 R. H. Robins 在 *A Short History of Linguistics*（Longman，1967）中，数十处提到这位“伟大的拉丁语法学家”。——校者注

② comté 和 duché 二词现在都属阳性，在作者的时代当有区别。作者以为，既然都是分封的“领地”，不应有性别之分。——校者注

人们所说的通性(genre commun[①])并不像语法学家们想象的那样普通。通性仅仅适应于某些动物名词,在希腊语和拉丁语里要根据雄性和雌性与阳性形容词或阴性形容词连用,例如 bos(公牛,母牛),canis(公狗,母狗),sus(公猪,母猪)。[②]

语法学家们所说的其他的通性名词实际是被当作实体名词使用的形容词,这是因为它们往往只是在话语中才能独立存在,而且这些词在用于不同的语法性的时候没有词尾的变化,与下列有词尾变化的词不同:

拉丁语 victor(胜利者,阳性)和 victrix(胜利者,阴性),法语 victorieux(胜利者,阳性)和 victorieuse(胜利者,阴性);

拉丁语 rex(国王)和 regina(王后),法语 roi(王者)和 reine(王后);

拉丁语 pistor(男面包师)和 pistrix (女面包师),法语 boulanger(男面包师)和 boulangère(女面包师),等等。

如此说来,语法学家们所说的通性名词(épicène[③])并不是一种独立的语法性。例如 vulpes,虽然它既指雄狐狸也指雌狐狸,但它在拉丁语里却是阴性;再如 aigle (鹰),在法语里是阴性名词[④]。这是因为,一个词的阳性或阴性并不影响词意,而仅仅指明词的语法性质,表示这个词在与形容词连用的时候形容词的词尾

① 英译 common gender。——校者注

② 印欧语言里一般又分别有不同的词表示雌雄两性动物,如英语:ox(公牛),cow(母牛);dog(公狗),bitch(母狗);bog(公猪),母猪(sow)。——校者注

③ 拉丁语 epicoenos,英语 epicene,可通指阴性和阳性的词。——校者注

④ aigle 在现代法语里有阴性和阳性两种形式,用作阴性名词时指"雌鹰",用作阳性名词时是鹰的通称。后一形式更常见。——校者注

是阳性还是阴性。在拉丁语里，custodioe 意为“看守者”或“被俘者”，vigilioe 意为“哨兵”，虽然它们都指男人，却是阴性名词。就词的语法性而言，这是所有语言的共同点。

希腊人和拉丁人还创造了有别于阳性和阴性的第三性，他们把这种第三性称为中性。他们仅仅根据一些词的词尾，就异想天开地把一些与雄性和雌性无关的名词归到中性里面。对此他们没有坚持用理性加以审视。[①]

① 作者在前面已经说过，区分语法性别有时候只不过是一种“纯属任意的所为，或没有道理的用法（un pur caprice, et un usage sans raison）”。即便是可以合理地区分性别的词，在语言中也会被归入中性。例如在名词分为阴、阳、中三性的德语里，Mädschen（女孩）、Weib（女人）就是中性。——校者注

第六章　论格，以及为理解某些格而必须讨论的介词

如果我们眼中只有单个的事物，而不是把事物联系起来考察，我们看到的可能就仅仅是名词的两种变化，即名词的数的变化和形容词的性的变化。但我们在考察这类词的时候，经常会注意到它们之间存在的各种关系，而为了标示这些关系，有些语言便创造了不同的词尾（terminaisons）。这就是人们所说的格（cas），拉丁语称作 cadere，本义为“掉落”，也即从同一个词上脱落下来的东西。

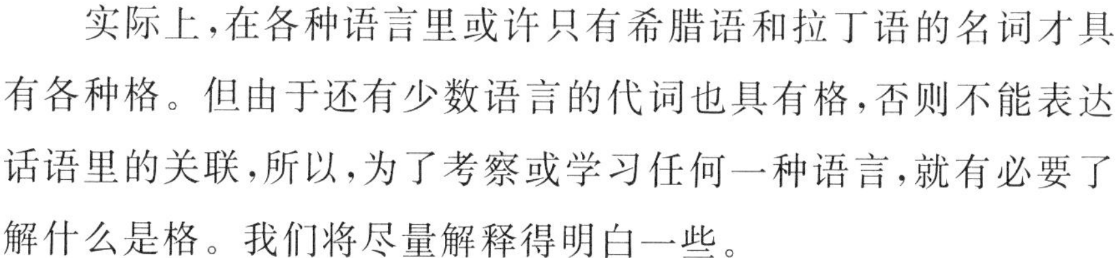

实际上，在各种语言里或许只有希腊语和拉丁语的名词才具有各种格。但由于还有少数语言的代词也具有格，否则不能表达话语里的关联，所以，为了考察或学习任何一种语言，就有必要了解什么是格。我们将尽量解释得明白一些。

主格（Nominatif）

名词最自然的位置称作主格。但这种位置本身并不是真正的格，而是形成格的基本条件；通过名词的第一个词尾的不同变化，就形成了主格。

主格的主要用途是在说话时放在所有的动词前面，以便作句

子的主语。例如拉丁语：

Dominus regit me.（天主引导着我。）

Deus exaudit me.[①]（上帝听我倾诉。）

呼格(Vocatif)

在我们称呼与之说话的人，或者就像面对一个人那样称呼一个事物的时候，这个名称便带有一种新的关系；我们往往用一个新的词尾标示这个名词，这种新的词尾就称作呼格。于是，我们把主格词 Dominus（天主）变成了呼格词 Adomine（主[啊]），把主格词 Antonius（安东尼）变成了呼格词 Antoni（安东尼[!]）。不过，由于这样做并不是很有必要，而且我们可以把主格用于呼格，因此会发生下列情形：

1. 这个与主格不同的词尾没有复数。
2. 在拉丁语里，即使在单数时，这个词尾也仅仅见于第二人称。
3. 虽然呼格在希腊语里比较普遍，但人们往往也忽略了它，代之以主格形式。例如在《圣经·诗篇》的希腊语译文里，圣保禄为了证明耶稣的神尊，引用了《希伯来书》(1.8)里的一句话：

θρονός，σους ὁ θεος.

① 这两个句子，法文作 le Seigneur me conduit 和 Dieu m'écoute，英文作 the Lord leads me 和 God hears me。引自《诗篇》22.1。——校者注

很明显，句子里的 ὁ θεος 是主格形式，这里用作呼格。句子的意思不是"上帝是您的御座"，而是"您的御座，上帝呵，它将常在……"[①]。

4. 最后，有的时候人们把主格和呼格放在一起使用，

例如：Domine，Deus meus[②]（噢，主啊，我的上帝）；Nate，meoe vires，mea magna potentia solus[③]（噢，儿子，我的力量，我唯一的强大力量）。请参看《拉丁语入门新法》关于代词的章节。

在法语和其他通俗语言里，普通名词的主格带冠词，而其呼格的表达要去掉冠词。例如：

Le Seigneur est mon espérance.（天主是我的希望。）

Seigneur，vous êtes mon espérance.（主啊，您是我的希望。）

生格（Génitif[④]）

如果一个事物从属于另一事物，不论其所属方式如何，在具有格的语言里名词便带上了另外的词尾。为表示这种所属关系，词

① 法文为 Votre trône，Ô Dieu，demeurera；英文为 Your throne，O God，will remain... ——校者注

② Domine 为呼格，Deus meus 为主格。英译"Lord my God"。——校者注

③ Nate 是 natus（儿子）的呼格；vires 是 vis（力量）的主格、复数形式；potentia（力量、权力）是阴性名词，单数，这里也取主格。此句英译作"My son，my strength，my great power alone"。——校者注

④ 或译"属格"、"所有格"。也称第二格。——校者注

尾可分为很多种，例如：

整体与部分：caput hominis（人的头）

部分与整体：homo crassi capitis[①]（直译：大头的人）

主体与属性或偶性：color rosœ[②]（粉红色的玫瑰），misericordia Dei（上帝之仁慈）

偶性与主体：puer optimœ indolis（一个本性纯贞的男孩）

原因与结果：opus Dei（上帝的伟业），oratio Ciceronis（西塞罗的演说术）

结果与原因：Creator mundi（创世之主）

终极原因与结果：potio soporis（使昏睡的药水）

材料与构成之物：vas auri（金瓶）

对象与我们的精神行为：cogitatio belli（关于战争的思考），contemptus mortis（对死亡的蔑视）

占有者与被占有者：pecus Melibœi（梅利波的羊群），divitiœ Crœsi（克罗西的财富）

专有名词与一般名词，个体与种类：oppidum Lugduni（伦敦城）

由于上述关系中有的包含反义，有时候便会造成歧义。例如：vulnus Achillis，生格 Achillis（阿溪里的）可以表示主体关系，也可

① 这里的例子均为拉丁文，没有法文解释。此例英译作 a thick-headed man。——校者注

② rosœ，英译拼作 rosae。——校者注

以表示因果关系；表示主体关系的时候意为“阿溪里受的伤”，表示因果关系的时候意为“阿溪里创成的伤”。再看圣保禄的一段话：

> certus sum quia neque mors, neque vita, etc. poterit nos separare a charitate Dei in Christo Jesu, Domino nostro.
>
> （我深信，无论生或死都不能把我们与上帝、我主耶稣基督的爱隔开。）

其中的生格形式 Dei[①] 被诠释者解释为两个不同的意义：一些人理解为对象关系，即选民对在耶稣身上现身的上帝的爱；一些人则理解为主体关系，即上帝通过耶稣基督对其选民所怀的爱。

虽然希伯来语的名词没有格变，但生格关系仍然使名词发生变化，只是这种变化完全不同于希腊语和拉丁语。在希伯来语里，被支配的名词不发生变化，而起支配作用的名词却发生变化，例如：

> **דבר שקר**（谎言），其中的**שקר**（谎、伪）不变化，发生变化的是**דבר**（言、词）。

在一切通俗语言里，人们都用一个小品词（particule）来表示生格。例如在法语里，把拉丁语的 Dei 说成 de Dieu（上帝的）。

生格用于标示专有名词与普通名词之间的关系，或者用于标示个体与种类之间的关系，这在法语里比在拉丁语中更加常见。拉丁语常常把普通名词和专有名词置于同一个格，人们称此为同位语（apposition），例如：

---

① Dei（上帝的），主格形式为 Deus。——校者注

Urbs Roma(罗马城)

fluvius Sequana(塞纳河)

mons Parnassus(帕那斯山)

而在法语里,在这些词连用时则把专有名词置于生格:[①]

la ville de Rome(罗马城)

la rivière de Seine (塞纳河)

le mont de Parnasse(帕那斯山)

与格(Datif)

还有另外一种关系,即一个事物与另一个事物的损益关系。在具有格的语言里,这种关系称作与格。与格的扩展用法极多,几乎不可能一一细述。仅举几例:

commodare Socrati(给予苏格拉底)

utilis reipublicœ(有用于共和国)

perniciosus Ecclesiœ(对教会有害)

promittere amico (向朋友承诺)

visum est Platoni(在柏拉图看来)

affinis regi(与国王联姻)[②]

---

① 作者更多地是从逻辑角度谈"格"的关系。从语法形式上看,拉丁语的生格配有专门的词尾,法语在这里却没有词尾的变化,用介词 de(相当于英语的 of)来建立两个名词的领属关系。这种非屈折的表达方式与汉语用"的"表示领属关系相类,去印欧语法范畴的"格"变已很远了。——校者注

② 上述六个例子的法语、英语说法分别为:

prêter à Socrate / to lend to Socrates

通俗语言用一个小品词来标示与格，例如法语使用à来标示。

宾格(Accusatif)

动词表示动作，这些动作除了行为(打，割断，治疗，爱，恨)之外，还需要有接受这些动作的人和事物。例如“打”，则要“打某人”，“爱”，则要“爱某物”，等等。这意味着动词后面需要有一个名词，或作为动词的主语，或作为动词所表示的动作的承受者。因此，在具有格的语言里，名词便带上了一种新的词尾，这种词尾称作宾格，例如：

Amo Deum.(我爱上帝。)

Caesar vicit Pompeium.(恺撒战胜了庞培。)

在法语里，宾格与主格没有任何区别的标志。但法语几乎总是按照自然顺序把词排放在一起，主格和宾格很容易辨别。一般来说，主格置于动词的前面，宾格置于动词的后面，例如：

Le roi aime la reine.(国王爱王后。)

La reine aime le roi.(王后爱国王。)

在第一句里，“国王”是主格，“王后”是宾格。第二句正好相反。

---

utile à la république / useful to the Republic
perticieux à l'Eglise / pernicious to the Church
promettre à un ami / to promise to a friend
il a semblé à Platon / it seemed to Plato
allié au roi / related to the King ——校者注

夺格(Ablatif[1])

除了上述五个格之外，拉丁人还创造了第六个格，这个格并不单独标示任何特别的关系，而是附着在称作介词(préposition)的小品词上。由于上述五个格还不足以标示事物之间的所有关系，因此所有的语言都求助于另外一种方法，即创造出一些小词(petits mot)，把它们放在名词的前面。这样的小词就叫作介词。例如表达一个事物在另一个事物当中，拉丁语用 in，法语用 dans：

Vinum est in dolio.(酒在桶里。)

Le vin est dans le muid.(酒在桶里。)

不过，在有格变的语言里，介词并不附着在名词的主格上，而是附着在其他某些格上面。在拉丁语里，虽然有的介词附着在宾格上，如 amor erga Deum(对上帝的爱)，但还发明了一种称作夺格的特别的格，以便介词附着在其意义与之相连的许多其他的格上；而宾格却常常是与介词分开的，例如当宾语处在主动动词后面或处在动词不定式前面的时候。

严格说来，夺格是没有复数形式的，其词尾跟与格没有区别。但是，如果我们以为介词支配的是单数的夺格和复数的与格，就会把类同的现象混淆起来。因此应当说，名词在复数时也有夺格，只不过这种复数的夺格总是跟与格相似。

出于同样的原因，可以认为希腊语的名词也具有总是和与格相似的夺格。这样就可以使希腊语和拉丁语保持更多的类同，这

[1] 或译“离格”。——校者注

两种语言通常是一起学的。

最后，在我们的语言（法语）里，每当名词的前面有一个介词的时候，不管这个起支配作用的介词是什么，其后面的名词都是夺格，例如：

Il a été puni pour ses crimes.（他因罪被罚。）

il a été amené par violence.（他被暴力胁迫至此。）

il a passé par Rome.（他路过了罗马。）

il est sans crimes.（他是无罪的。）

il est allé chez son rapporteur.（他去了密探的家。）

il est mort avant son père.（他殁于父亲之前。）

这样做可以较方便地解释与代词有关的一些难点。

第七章　论冠词

我们在第四章里讲到普通名词或通称名词的模糊的含义。这种模糊的意义不但导致人们把这些名词分成单数和复数两类，以便确定它们的意义，而且促使几乎所有的语言都创造了某些被称作冠词(article)的小品词，以便用另外一种方式来确定它们的含义。这另外一种方式既见于单数，也见于复数。

拉丁语没有冠词，因此斯卡利杰(Julius Caesar Scaliger)在他的著作《论拉丁语之缘由》(*Causes de la langue latine*)里误称冠词没有用处。事实上，这个小品词很有用，可以使话语更明白，避免一系列歧义。

希腊语有一种冠词，即 ό，ή，τό。[①]

现代语言里有两种冠词，一种称作定冠词，如法语里的 le 和 la；另一种称作不定冠词，如法语的 un 和 une。[②]

严格说来，上述冠词没有自身的变格，但是冠词 le 似乎有变格，因为生格和与格的复数形式总是要求 les 与介词 de 或 à 缩合，而单数形式经常要求 le 与 de 或 à 缩合(de 和 à 是生格和与格的

① ό 为阳性，ή 为阴性，τό 为中性。——校者注

② le(阳性)和 la(阴性)，相当于英语的 the；复数则不分阴阳，均为 les。un(阳性)和 une(阴性)，相当于英语的 a。——校者注

标志[1])。其结果是,de 和 les 合而构成生格的复数 des:

des rois(国王们的)= de les rois

à 和 les 合而构成与格的复数 aux:

aux rois (给予国王们的)=à les rois

冠词缩合的时候,l 变成 u,这种变化在法语里是很常见的,如 mal 变成 maux[2](恶,痛苦),altus 变成 haut[3](高度),alnus 变成 aune[4](桤木,赤杨)。

在由辅音开端的阳性名词变为单数生格和单数与格的时候,也要使用把 l 变成 u 的缩合方法,例如:

de le 变成 du,du roi = de le roi(国王的)

à le 变成 au,au roi = à le roi(给予国王的)

对于所有由元音开端的阳性名词和所有的阴性名词,冠词取主格形式,仅需在生格时在前面加 de,在与格时在前面加 à,例如:

l'état (身份),de l'état(身份的),à l'état (对于身份)

la vertu(道德),de la vertu(道德的),à la vertu(对于道德)

至于 un 和 une,人们通常以为这个不定冠词没有复数。它自

① de 相当于英语的 of,à 相当于英语的 to。——校者注

② mal,单数名词,maux 为其复数形式。——校者注

③ altus 是拉丁语词,法语里与之对应的词是 haut。——校者注

④ alnus 是拉丁语词,aune 是法语词。法语属拉丁语族,大量词汇与拉丁语同源,这里谈的是两种语言里对应的音变,已超出语法形式的范围。——校者注

身的确没有复数，我们从不说 uns 和 unes，而不像西班牙人那样可以说 unos animales[①]（一些动物）。但我认为，un 和 une 确有复数，只是这种复数是由另外的词来表达的，那就是名词前面的 des[②]，如 des animaux（一些动物），或形容词前面的 de，如 de beaux lits（一些漂亮的床铺）。我要说的是，des 和 de 这两个小品词常常就是起 un 的复数的作用。

我相信，除了生格以外（其理由见下），在所有 un 变为复数的时候，在名词之前都要说 des，在形容词之前都要说 de。

主格
- *Un* crime si horrible mérite la mort.（一桩如此可恶的罪行理应处死。）
- *Des* crimes si horribles 或 *De* si horribles crimes méritent la mort.（一些如此可恶的罪行理应处死。）

宾格　Il a commis（他犯下了）
- *un* crime horrible.（一桩可恶的罪行。）
- *des* crimes horribles 或 *d'*horribles crimes（一些可恶的罪行。）

夺格　Il est puni（他受惩罚）
- pour *un* crime horrible.（由于一桩可恶的罪行。）
- pour *des* crimes horribles 或 pour *d'*horribles crimes.（由于一些可恶的罪行。）

---

① 西班牙语的不定冠词，阳性、阴性形式分别为 uno 和 una，此外又分别有复数形式 unos 和 unas（一些）。——校者注

② 前面作者已说过，des 是介词 de 和定冠词 le 的复数形式 les 的缩合。——校者注

与格	Il a eu recours （他运用了）	*à un* crime horrible.（一桩可恶的犯罪手段。） *à des* crimes horribles 或 *à d'*horribles crimes（一些可恶的犯罪手段。）
生格	Il est coupable （他获罪）	*d'*un crime horrible.（于一桩可恶的罪行。） *de* crimes horribles 或 *d'*horribles crimes.（于一些可恶的罪行。）

我们看到，加入与格小品词 à 就把冠词变成了与格，其单数为 à un，其复数为 à des；加入生格小品词 de 就把单数冠词变成了单数生格，即 d'un。据此类推的话，生格的复数形式应当在 des 或 de 前加上 de。但实际上人们并没有这样做，因为要避免使音调不和谐（而这也是导致语言不规则现象的主要原因）；de des 或 de de 很刺耳，例如下面的句子听起来就不舒服：

Il est accusé de des crimes horribles.
（他被指控犯有可恶的罪行。）

或者：

Il est accusé de de grands crimes.
（他被指控犯有重罪。）

正像一位古人说的那样：

impetratum est à ratione, ut peccare suavitatis causa

liceret.[①]

这样看来，des 在有的时候是冠词 le 的生格复数形式，例如我们说 le sauveur *des* hommes（人类的救星），而不说 *de les* hommes[②]。但有的时候，des 又可以是冠词 un 的主格、宾格、夺格或与格的复数，对此上文已作了说明。至于 de，有的时候它标示没有冠词的生格，例如 Ce sont des festins de roi（这里摆的是御筵）；有的时候它又是冠词 un 的生格复数，或者是置于形容词前面的冠词的其他格，对此上文也已说明了。

使用冠词一般是为了确定普通名词的意义，但由于在各种具有冠词的语言里使用的方法并不一样，因此很难确定这些冠词的意义。以下是我观察到的法语冠词的意义：

普通名词，以 roi（国王）为例[③]

<table>
<tr><td rowspan="4">无冠词</td><td rowspan="2">意义很模糊：</td><td>Il a fait un festin de roi.（他设的是御筵。）</td></tr>
<tr><td>Ils ont fait des festins de rois.（他们设的是御筵。）</td></tr>
<tr><td rowspan="2">意义由句子的主语确定：</td><td>Louis XIV est roi.（路易十四是国王。）</td></tr>
<tr><td>Louis XIV et Philippe IV sont rois.（路易十四和菲利普四世都是国王。）</td></tr>
</table>

① 拉丁语，英译"reason permits one to make mistakes for the sake of a pleasing style"（为使文体舒适，理性允许我们犯错）。作者的意思是，语言本应是合乎逻辑、合于类推规则的，但为照顾语音和谐，有时候并不按照逻辑类推去做。——校者注

② *des* hommes 和 *de les* hommes，英译分别为 of men 和 of *the* men。——校者注

③ 排列系照原书，仅将圆弧线条改为直线。——校者注

有冠词 le
- 表示一个类别总体：
  - Le roi ne dépend point de ses sujets.（国王不受制于他的臣民们。）
  - Les rois ne dépendent point de leurs sujets.（国王们不受制于他们的臣民。）
- 表示一个或多个由说话人或语境所确定的个体：
  - Le roi fait la paix.（国王媾和。根据语境，“国王”指路易十四。）
  - Les rois ont fondé les principales abbayes de France.（国王们建起了法国的主要的修道院。“国王们”指法国的国王们。）

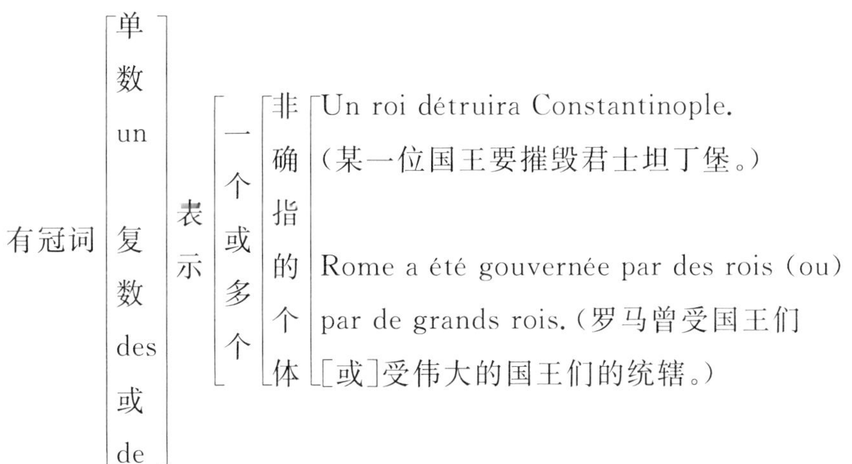

由此我们看到，冠词绝不应当用于专有名词，因为专有名词表示的是特定的事物，无需用冠词加以确定。

然而，习惯用法与理智并不总是一致。在希腊语里，甚至人名前面有的时候也带冠词，如 Ὀφιλιπποϛ①。意大利人也习惯于在人

① 英译 the Philip。——校者注

名前面加冠词，例如：

l'Ariosto（阿里奥斯托）

il Tasso（塔索）

l'Aristotele（亚里士多德）

法语在翻译意大利人名的时候往往也加冠词，例如：

l'Arioste（阿里奥斯托）

le Tasse（塔索）

但是法语不说 l'Aristote（亚里士多德），也不说 le Platon（柏拉图）。

法语的人名前面不加冠词，如果人名前面加了冠词，则表示轻蔑，或表示被加冠词的人名身份低下，比如 le tel（这男人），la telle（这女人）。另外，由于有的普通名词变成了专有名词，就可以带冠词，例如有的人姓 le Roi（勒·卢瓦），le Maître（勒·麦特尔），le Clerc（勒·克莱尔）[①]。这种情况下，名词与其冠词是被当作一个完整的词，所以在这些名词指称妇女的时候，阳性冠词 le 不必变成阴性的 la。这样的女性姓名写出来就是：

Marie le Roi（玛丽·勒·卢瓦）

Marie le Maître[②]（玛丽·勒·麦特尔）

在法语里，城市和村庄的名称前面也不加冠词，例如：Paris

① Roi，Maître，Clerc，本义分别为“国王”、“师傅”、“教士”。——校者注

② 按字面理解，便成了“玛丽国王”、“玛丽师傅”。——校者注

(巴黎),Rome (罗马),Milan(米兰),Gentilly(金蒂利)。但源于普通名词的城市名称须带冠词,例如:

la Capelle(拉卡贝尔)

le Plessis(勒普莱西)

le Castelet(勒卡斯特莱)

教堂的名称前面通常也不加冠词,而仅用诸圣徒的名字命名:

Saint-Pierre (圣皮埃尔[①])

Saint-Paul(圣保禄)

Saint-Jean(圣约翰)

但在法语里,王国和省份的名称前面加冠词:

la France(法国)

l'Espagne(西班牙)

la Picardie(庇卡底)

……

不过,仍有一些国家和地区的名称前面不加冠词,例如:

Cornouailles[②](考乃依)

Comminges(科名热)

Roannez(罗阿内)

河流的名称前面要加冠词:

① 皮埃尔(Pierre)即英语的彼得(Peter)。——校者注

② 英译作 Cornvailles。——校者注

la Seine（塞纳河）

le Rhin（莱茵河）

山脉的名称前面也要加冠词：

l'Olympe（奥林匹斯山）

le Parnasse（帕那斯山）

最后应当指出，冠词不适用于形容词，这是因为形容词的意义应依附于实体名词。如果说有的时候人们在形容词的前面加了冠词，例如 le blanc（白色）、le rouge（红色），那是因为我们把形容词变成了实体名词，le blanc 在这时就是 la blancheur（白色的实体）的意思，例如在说起葡萄酒的时候，我说 J'aime mieux le blanc（我更喜欢喝白葡萄酒）。

第八章　论代词

由于人类在同一篇话语里不得不经常重复说起某些事物，由于总是重复一些名词会使人厌烦，因此人们创造了一类词来代替这些名词，这类词便称作代词。

首先，人们不愿意并且认为没有必要经常重复称呼自己的名字，因此在话语里引入了第一人称代词，以便代替说话人的名字：

ego（moi，je）[①]

为了避免称呼对话人的名字，人们情愿使用第二人称代词：

tu（toi，vous）[②]

为了避免重复所谈及的其他人和物，人们创造了第三人称代词：

Ille，*illa*，*illud*（il，elle，lui）[③]

---

① ego（我）是拉丁语代词，moi/je（我）是法语代词。——校者注

② 这里的 tu（也作 tū）是拉丁语代词，在原作中用斜体，以别于法语的 tu（你）。括号内为相应的法语代词（你、您）。——校者注

③ 这三个斜体的形式也是拉丁语，分别表示“他、她、它”，但不仅是人称代词，也起指示代词“那个”的作用。括号内的三个法语形式，前两个分别对应于拉丁语的 ille、illa，第三个 lui（他/她，作间接宾语等）则不对应于 illud。——校者注

在这些第三人称代词当中，有一些就像用手指来指点所谈及的事物，因此称作指示代词(démonstratifs)，例如：

hic(celui-ci)这个

iste(celui-là)那个

还有一个代词称作自反代词(réciproque[①])，即动作返回自身的代词，那就是 *sui*，*sibi*，*se*[②](法语 se)。例如：

Pierre s'aime.(皮埃尔自爱。)

Caton s'est tué.(卡东自尽了。)

由于上述代词可以代替其他名词，因此具有如下性质：

单数和复数　je(我)，nous(我们)；tu(你)，vous(你们)。但在法语里，即使对话人只有一个，经常也用复数的 vous[③](你们)称呼对方，而不用单数 tu(你)，例如：

Vous êtes un homme de promesse.(您是个有出息的人。)

语法性别　il(他)，elle(她)。第一人称代词通用于阴性和阳性，第二人称代词亦然。可是，希伯来语和仿效希伯来语的一些语言却是例外，其阳性形式是אתה(你)，阴性形式是את(你)。

---

① 英语 reciprocal，也称 reflexive。——校者注

② 拉丁语 sui(也作 suī)，相当于英语里附在人称代词后面的 self，与格形式为 sibi，宾格和夺格形式为 se。法语的自反代词已无格的区别，只有一个 se。——校者注

③ 法语代词 vous"你们"又指尊称的"您"。德语、俄语也有类似于此的"你"和"您"的区分。现代英语已没有这样的分别，有时勉强要分，则多借用古旧的 thou/you(你/您)。——校者注

格　*ego*,*me*[1](je,me,moi)。我们曾说过,有些语言的名词没有格的变化,但在这些语言里代词却有格的变化。法语就是这样。在法语里,我们可以根据以下三种用途来观察代词:

<table>
<tr><th colspan="3">置于动词的前面</th><th colspan="2">其他位置</th></tr>
<tr><th>主格</th><th>与格</th><th>宾格</th><th>夺格</th><th>生格等</th></tr>
<tr><td>Je(I)[2]
nous(we)</td><td colspan="2">me(me)</td><td colspan="2">moi(me)</td></tr>
<tr><td>tu(thou)
vous(you)</td><td colspan="2">te(thee)</td><td colspan="2">toi(thee)</td></tr>
<tr><td></td><td colspan="2">se(himself)
(herself)
(itself)
(oneself)</td><td colspan="2">soi(himself)
(herself)
(itself)
(oneself)</td></tr>
<tr><td>il(he)
elle(she)
ils(they)
elles (they)fem.</td><td>lui (him)
(her)
leur (them)</td><td>le(him)
la(her)
les (them)</td><td>lui(him)
eux (them)</td><td>elle(her)
elles (them)
fem.</td></tr>
</table>

关于上面的表格,尚需作几点说明。

1. 出于简约的目的,我只把 nous(我们)和 vous(你们)各列出一次,而实际上这两个代词出现在动词的前面和后面,并用于各种格。所以说,这两个第一人称和第二人称代词在一般情况下没有使用上的困难,它们的形式总是 nous 和 vous 。

① me 是 ego 的宾格和夺格形式。——校者注

② 为便于不熟悉法文的读者阅读,这里根据英译附注上相应的英语代词。——校者注

2. 代词 il(他)的与格和宾格置于动词前面的形式,在命令式里也可以置于动词的后面,例如:

Vous lui dites. (您向他说。)

Dites-lui. (告诉他。)

Vous leur dites. (您向他们说。)

Dites-leur. (告诉他们。)

Vous le menez. (您领着他。)

Menez-le. (领着他。)

Vous la conduisez. (您带领着她。)

Conduisez-la. (带领着她。)

但 me,te,se 仅仅置于动词的前面:

Vous me parlez. (您向我说。)

Vous me menez. (您领着我。)

因此,在命令式里,应当用 moi 代替 me:

Parlez-moi. (向我说说。)

Menez-moi. (领着我。)

对此沃热拉先生[①]仿佛没有留意,这是因为他在寻找为什么可以说 menez-l'y(领他去那里),而不可以说 menez-m'y("领我去那里"的错误句式)的原因的时候,只是认为这样说使得音韵不够

---

① 沃热拉(Claude Favre de Vaugelas 1595—1650),其语法著作 *Remarques sur la langue française*(《论法语》,1647)影响甚大,为法兰西科学院所认可。——校者注

和谐。显而易见，moi 不可以用省音符号切断；而如果可以说 menez-m'y 这样的句子，应当首先可以说 menez-me；就像由于可以说 menez-le，则也可以说 menez-l'y 那样。但是法语里并不说 menez-me，所以也不能说 menez-m'y。

3. 在代词置于动词前面和命令式动词后面的时候，与格代词前面不用小品词 à：

Vous me donnez（您给我……）

Donnez-moi（给我）

而不说 donnez à moi。但在重复与格代词的时候，前面要用小品词 à；而且在一般情况下还要在代词后面加 même，例如：

Ditez-le-moi à moi.（把这件事告诉我。）

Je vous le donne à vous.（我把这东西给您。）

Il me le promet à moi-même.（他向我本人承诺这件事。）

Ditez-leur à eux-mêmes.（告诉他们本人。）

Trompez-la elle-même.（欺骗她本人。）

Ditez-lui à elle-même.[①]（告诉她本人。）

4. 第三人称代词的主格 il（他）和 elle（她），以及宾格 le（他）和

① 这六个句子的英译依次为：

1) tell it to me; 2) I give it to you; 3) he promises it to me; 4) tell it to them; 5) deceive her; 6) tell her.

若按字面逐词译出，则是：

1) tell me it to me; 2) I give you it to you; 3) he promises me it to me; 4) tell them it to themselves; 5) deceive her herself; 6) tell her to herself. ——校者注

la(她)可以指各种事物;但它们的与格、夺格、生格形式,以及生格代词 son(他的,她的)和 sa[①](他的,她的)通常仅仅指人。

因此,在说到一所乡间房舍的时候,我们完全可以说:

Elle est belle.(她[这所房舍]很美。)

Je la rendrais belle.(我将把她[这所房舍]装饰得很美。)

但不可以说:

Je lui ai ajouté un pavillon.(我给她加修了一个凉亭。)

Je ne puis vivre sans elle.(我的生活不能没有她。)

C'est pour l'amour d'elle que je quitte souvent la ville.(因为喜爱她,我才经常离开城市。)

Sa situation me plaît.(她的位置令我满意。)

而应当说:

J'y ai ajouté un pavillon.(我[在这房舍上]加修了一个凉亭。)

Je ne puis vivre sans cela, ou sans le divertissement que j'y prends.(我的生活不能没有这[房舍],或:不能没有从那里得到的乐趣。)

Elle est cause que je quitte souvent la ville.(她[这所房舍]使得我常常离开城市。)

La situation m'en plaît.(房舍所处的位置令我满意。)

---

① son 和 sa 分别与阳性和阴性名词连用,其复数形式为 ses。——校者注

我深知，上述规则会有例外。这是因为：

1. 有些词表示很多人的意思，例如 église（教会），peuple（人民），compagnie（社团）。这些词不受任何约束。

2. 有时候我们把一些事物看作有生命的东西，并且通过称作拟人法（prosopopée）的修辞格把事物当作人来看待，这时我们可以使用通常适合于人的词。

3. 表示精神状态的词可以用人格化的表达，例如 la volonté（意愿），la vertu（道德），la vérité（真理），因此我们可以说：

> L'amour de Dieu a *ses* mouvements, *ses* désirs, *ses* joies, aussi bien que l'amour du monde; j'aime uniquement la vérité; j'ai des ardeurs pour *elle*, que je ne puis exprimer.[①]
>
> （上帝的爱和人类的爱一样，它有它的感情、它的愿望、它的欢乐；我所爱的只有真理；我热衷于它，这热情我不知如何来表达。）

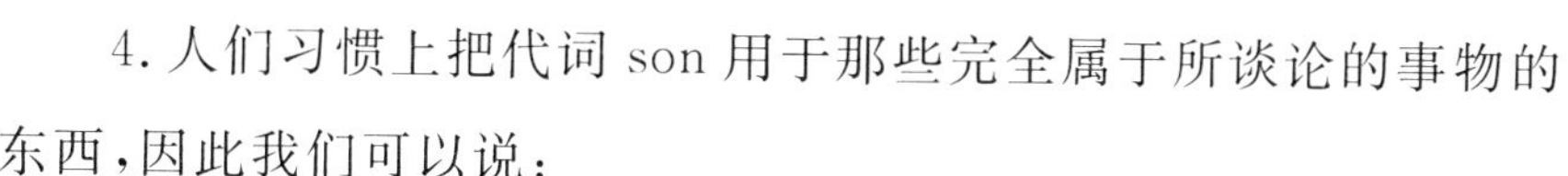

4. 人们习惯上把代词 son 用于那些完全属于所谈论的事物的东西，因此我们可以说：

> Une rivière est sortie de son lit.[②]

① 参考英译：The love of God has its movements, its desires, its joys, as well as the love of the world; I love only truth; I have a passion for it, which I cannot express. 注意第一句里的 *ses* 和第三句里的 *elle*，按字面理解是“她的”、“她”，而不是“它的”、“它”。——校者注

② son，若按本义理解是“她的”，而不是“它的”。另请注意：汉译文中的“它的”并非必要，没有“它的”一词更合汉语习惯。而在印欧语言里，这里的物主代词不能省却。——校者注

(一条河流溢出了它的河床。)

Un cheval a rompu sa bride, a mangé son avoine.

(一匹马挣断了它的笼头,吃完了它的燕麦。)

这是因为,我们认为"燕麦"(l'avoine)是完全属于马的一种饲料。我们还可以说:

Chaque chose suit l'instinct de sa nature.[①]

(每个事物都顺从着它的本能。)

Chaque chose doit être en son lieu.

(每个事物都应当各居其地。)

Une maison est tombée d'elle-même.[②]

(一所房子[它]自己就倒塌了。)

以上各句中,代词 son 表示的是属于一个事物的东西。因此我认为这条规则[③]对于科学话语没有什么约束,因为在科学话语里我们谈论的只是那些本质上属于事物的东西。例如我们在谈到一个词的时候可以说:

Sa signification principale est telle.

(它的主要意思是如何如何。)

在谈到一个三角形的时候可以说:

---

① sa,按本义理解是"她的",而不是"它的"。下面一句中的 son 也是作者所谓"完全属于"的用法。——校者注

② elle-même,按本义理解是"她自己",而不是"它自己"。——校者注

③ 这条规则,指 son 和 sa 只用于人。——校者注

Son plus grand côté est celui qui soutient son plus grand angle.

（它的最长的边是它的最大角的对边。）

这条规则可能还会遇到其他问题，只是我们还没有进一步去思考并解释那些可能的反例。但是至少可以肯定地说，为了把话说得规范，我们应当遵守这条规则；而且，除非在习惯允许的语句里或由于某种特别的原因，如若忽视了这条规则，那将犯语法的错误。对此沃热拉先生却没有说明。不过，对另一条类似的规则，即关于 qui 的规则，他明确指出这个代词仅仅用于人，但它的主格和宾格形式 que 可以用于人以外的物。

至此，我们已经探讨了那些主要的和基本的代词。此外还有一些称作物主词（possessifs[①]）的形容词和代词带有某些模糊的含义，就像由表示实体的名词构成形容词一样，例如根据 terre（地球）构成 terrestre（地球的）。所以，meus（拉丁语，“我的”）明确地表示“我”，同时模糊地表示“属于我”和“是我的”：meus liber（我的书），意思就是“书是我的”。希腊语通常的说法是 βiβλoς μου。

在法语里，有些代词总是和没有冠词的名词放在一起：mon（我的），ton（你的），son（他的，她的），以及 nos（我们的），vos（你们的）[②]。还有一些代词总是需要加冠词而不需要名词：mien（我的），tien（你的），sien（他的，她的），以及 nôtre（我们的），vôtre（你

① 英语 possessiv，或译“领属”、“所有”。——校者注

② 相当于英语的 my，thy，his，our，your。——校者注

们的)①。

另有一些代词可以用于上述两种方式:单数的 notre(我们的)和 votre(你们的),以及单数的 leur(他们的)和复数的 leurs(他们的)②。由于这些语法现象很容易理解,我就不举例子了。但是我要说明:理智淘汰了下面的说话方式:

un mien ami

un mien parent③

这是因为 mien 必须与冠词连用,而不能带名词。下面的说法才是正确的:

c'est le mien.(这是我的。)

ce sont les nôtres.(这些是我们的。)

① 相当于英语的 mine, thine, his, ours, yours。英语不需加冠词,如 it's mine.(这是我的);法语则要加冠词:c'est le mien.(这是我的)——校者注

② notre, votre, leur, leurs, 分别相当于英语的 our/ours, your/yours, their/theirs, their/theirs。这里说的单数、复数,系指所领属的人或事物是单个的还是多个的,如 leur 指“他们的[一个]”,leurs 指“他们的[多个]”。英语的代词或物主形容词并无这种区别。——校者注

③ un mien ami,un mien parent,字面意思是“一个－我的－朋友”、“一个－我的－父亲/母亲”。——校者注

第九章　论关系代词

还有一种代词称作关系代词①(pronom relatif),如拉丁语的qui,quoe,quod②;法语里的对应形式是:qui,lequel,laquelle。

这种关系代词与其他代词有共同点,也有一些自身的特点。

共同点是,这种代词代替名词;甚至于比其他代词意义还要广,因为它可以代替所有人称的名词,例如:

moi qui suis chrétien(身为基督教徒的我)

vous qui êtes chrétien(身为基督教徒的您)

lui qui est roi③(身为国王的他)

关系代词自身的特点可以用两种方式来观察。

第一,关系代词总要与一个名词或者另一个代词相关,这个名词或代词称作先行词(antécédent),例如:

Dieu qui est saint(神圣的上帝④)

① “关系代词”,胡译“关系代名词”。——校者注

② qui(阳性),相当于英语 who,quoe 和 quod 为其阴性、中性形式。——校者注

③ 这三个子句的英译分别为:I *who* am Christian, you *who* are Christian, he *who* is king。——校者注

④ 胡译“上帝是神圣的”,但原句只是半个句子,相当于英语 God who is holy。——校者注

其中的 Dieu（上帝）是关系代词 qui 的先行词。但在有的时候，这种先行词是暗示的或不表明的，特别是在拉丁语里更是这样，对此《拉丁语入门新法》已经作了说明。

第二个特点据我所知还没有人指出过，那就是关系代词所在的句子①（我们可以把它称作嵌入句②）可以是另一个称作主句的句子的主语和述语③。

为了弄明白上述特点，就要回忆一下我们在本书一开始时所说过的话，那就是：在所有的句子里，都有一个被断言的主语和一个表示断言的述语。但这两个项④可以是简单的，例如：

Dieu est bon.（上帝是仁慈的。）

也可以是复合的，如：

Un habile magistrat est un homme utile à la république.（一个精明强干的法官是有用于共和国的人。）

其中我所断言的对象不是一般的"法官"，而是"精明强干的法官"；而我的断言不仅说他是"人"，而是"有用于共和国的人"。关于这方面，可以参见《逻辑学或思维术》（*Logique ou Art de Penser*）一书第二部分第三章的四、五、六节。

---

① 这里及以下说的"句子"，原文均为 proposition，逻辑学上可译"命题"（一个简单句即是一个命题）。英译也用了 proposition，而未用 sentence（句子）一词，这样就可以显出原作者考虑问题的逻辑学角度。我们在这里仍译为"句子"。——校者注

② "嵌入"（incidente），英译 subordinate（从属）。——校者注

③ "述语"（l'attribut），英译 predicate，胡译"谓语"。——校者注

④ "项"（terme，英语 term），这也是一个逻辑学术语。——校者注

主语里和述语里包含着几个项，这在有的时候并不影响句子的简单性，不妨碍句子自身只包含单一的判断或断言，例如：

La valeur d'Achille a été cause de la prise de Troie.

（阿溪里的勇武是攻克特洛伊城的原因。）

当两个实体名词进入句子的主语或述语，其中的一个名词支配另一个的时候，就会出现这种情况。

但有时候，包括几个项的主语或述语所构成的句子却表示多个判断（至少在我们的思维中是如此），我们可以根据这些判断组成同样多的句子，例如：

Dieu invisible a créé le monde visible.①

（不可见的上帝创造了可见的世界。）

这个句子在我们的思维中表示三个判断：

1)Dieu est invisible.（上帝是不可见的。）

2)il a créé le monde.（他创造了世界。）

3)le monde est visible.（世界是可见的。）

在这三个句子中，第二个是主要的和关键的，第一个和第三个是嵌入的，构成主句的一部分；第一个句子构成主语，第三个句子构成述语。

上述嵌入句常常存在于我们的精神之中，而不用话语来表达，正如上面的例句那样。但在有的时候，我们又可以把这些嵌入句

① 英译："Invisible God created the visible world."——校者注

明确地表达出来，这就要使用关系代词。例如可以把上例改变成如下的形式：

Dieu, *qui* est invisible, a créé le monde, *qui* est visible.[①]

（不可见的上帝创造了可见的世界。）

这就是我们所说的关系代词的特点，也即，关系代词所在的句子从属于另一个句子的主语或述语。

对于关系代词的这种特点，我们应当注意以下几点：

1）当我们把两个名词放在一起的时候，有时其中的一个名词不是起支配作用，而是与另一个名词相呼应。其呼应的方式有的时候是作同位语，例如 Urbs Roma（罗马城）；有的时候则是作形容词，例如 Deus sanctus（神圣的上帝），尤其当这个形容词是分词的时候，例如 canis currens（一只正跑着的狗）。这些说话的方式都包含着关系代词的意义，并可以由关系代词表达出来：

urbs quoe dicitur Roma（叫作罗马的城市）

Deus qui est sanctus（神圣的上帝）

canis qui currit（正跑着的狗）

到底用上述哪种方式说话，决定于各种语言的特点，因此我们会看到拉丁语通常使用分词：

Video canem currentem.

（我看见一只正跑着的狗。）

① 英译："God *who* is invisible created the world *which* is visible."——校者注

而法语则使用关系代词：

Je vois un chien qui court.①

（我看见一只正跑着的狗。）

2）我在前面说过，关系从句可以充当主句的主语或述语的一个部分。关系从句从来不能作为独立的主语或述语；为了构成完整的主语或述语，应当加入一个关系从句所依附的词。例如：

Dieu，qui est invisible，est le créateur du monde，qui est visible.②

（不可见的上帝是可见世界的创造者。）

其中的 qui est invisible 不是完整的主语，应当加入 Dieu 才能成为完整的主语；qui est visible 不是完整的述语，应当加入 le créateur du monde 才能成为完整的述语。

3）关系代词可以作为嵌入句的主语，也可以作为嵌入句的述语的组成部分。要作为嵌入句的主语，关系代词应当变成主格，例如：qui creavit mundum（创造世界者），qui sanctus est③（神圣者）。

但是，关系代词在变成间接格如生格、与格、宾格的时候，只能作为嵌入句述语的一部分，例如“我所热爱的上帝”在拉丁语和法语里分别表达为：

① 此句按字面译的话，就是：“我看见一条狗，它正跑着。”相当于英语“I see a dog who runs”。上一句的拉丁语译成英语则是“I see a running dog”。——校者注

② 英译：“God who is invisible is the creator of the world which is visible.”——校者注

③ 相当于英语 who created the world 和 who is holy。——校者注

Deus quem amo

Dieu que j'aime[①]

其中，主语是 ego[②]（我），动词起联结作用并且是述语的一部分，述语的另一部分是 quem；其句义是：Ego amo quem 或 ego sum amans quem[③]（我所热爱的）。再如 Cujus coelum sedes est[④]（以上天为御座的），这跟说 coelum est cedes cujus[⑤] 的意思是一样的。

但在造句子的时候，关系代词总是置于句首（尽管根据意义它应该出现在句末）。不过，在关系代词受介词支配的时候，介词一般要置于关系代词的前面，例如：

Deus à quo mundus conditus

即 Dieu par qui le monde a été créé[⑥]（以自身的力量创造世界的上帝）。

① 相当于英语 God whom I love。——校者注

② 拉丁语里，代词作主语时经常可省，其意义见于行为动词的人称词尾。——校者注

③ 英译分别作 I love whom 和 I am loving whom。——校者注

④ 相当于法语 duquel le ciel est le trône，英译为 of whom heaven is the throne。——校者注

⑤ 相当于法语 le ciel est le trône duquel，英译为 heaven is the throne of whom。——校者注

⑥ 英译："God by whom the world was created."——校者注

第十章　论关系代词(续)：用这条原理可以解释的几种语法难点

我们说过，关系代词有两个用途，其一是当作代词，其二是标示一个句子与另一个句子的联结，这两个用途可以解释语法学家们难以解决的许多问题。

我在这里把这些语法问题分为三类，并对每一类都举几个例子。

第一类，关系代词很明显地作为连词和指示代词。

第二类，关系代词只作为连词。

第三类，关系代词只作为指示词，而没有连词的性质。

关系代词作为连词和指示词的例子，见于提图-李维(Tite-Live)谈论朱纽斯·布鲁图(Junius Brutus)的一段话：

> Is quum primores civitatis, in quibus fratrem suum ab avunculo interfectum audisset.①

---

① 此句及以下多句均为拉丁文，并无法文译解。这里附上英译文，供读者参考："he, when the leading men of the state, amongst whom he heard that his brother had been killed by his [maternal] uncle."(他从掌管国事的那些人当中听到，他的兄弟已被其叔[伯]所杀。)——校者注

我们看到，文中的 in quibus[①]（在他们当中）的意思是 et in his[②]（在这些［男］人当中）。如果把这段文字改为下面的样子，其意思仍然明了易懂：

Quum primores civitatis, et in his fratrem suum interfectum audisset.[③]

如果不借助于这条原理，则解决不了这个难题。

但有的时候，关系代词没有指示词的作用，仅仅代替连词。这可以分两种情况加以考察。

第一种情况见于希伯来语，是很常用的表达方式，即关系代词不作从句的主语，而只作述语的组成成分，例如：

pulvis quem projicit ventus[④]

（风卷起的尘土）

由此我们可以看到，希伯来人使用关系代词仅仅是为了把一个句子与另一个句子联结起来。而对于关系代词的另一个用途，即代替名词的用途，希伯来语则使用指示代词，例如：

quem projicit eum ventus[⑤]

（风卷起的东西）

---

① 英译 amongst whom。——校者注

② 英译 and amongst these［men］。——校者注

③ 英译："when the leading men of the state..., and among these men he heard that his brother had been killed."——校者注

④ 英译 dust which the wind flings about。——校者注

⑤ 英译 which the wind flings it about。——校者注

这样的表达方式也可以在《圣经·新约》中看到,例如圣皮埃尔在谈到耶稣时引用《以塞亚书》里的一句话说:

> ου τω μώλοπι αύτου ίαθητε.
>
> Cujus livore ejus sanati estis.①

语法学家们没有区别关系代词的上述两种用途,因此不能解释清楚这两种表达方式的真正原因,却认为这是无用的赘言(pléonasme)。

虽然语法学家们不知所以,但我们依然可以在最好的拉丁文作家的著作里找到很多区别关系代词的两种用途的例子,例如提图-李维说道:

> Marcus Flacius tribunus plebis tulite ad populum, ut in Tusculanos animadverteretur, quorum eorum ope ac consilio Veliterni populo Romano bellum fecissent.②

句中的 quorum③ 显然只是连词,使得有些人把它理解为 quod corum ope④,而最可靠的版本和最早的手稿也认为是这样的,普劳图(Plaute)也认为是这样的,例如他在剧作 *Trinummus*

① 英译 by whose welts of Him you are healed。——校者注

② 英译:"Marcus Flavius, tribune of the plebs, proposed to the people that action should be brought against the Tusculans, with whose / their aid and advice [he alleged] the Veliternians had made war on the Roman people."(马库斯·弗拉维,平民们的护卫者,向人民提议:应对土斯克兰人采取行动,因为[据他说]是由于他们的帮助和建议维利特恩人才对罗马人民发动了战争。)——校者注

③ 相当于英语的 whose。——校者注

④ 英译 because with their aid。——校者注

中写道：

> Inter eosne homines condalium te redipisci postulas, quorum eorum unus surripuit currenti cursori solum?[①]

在这段话里，quorum[②] 的意义等于 quum eorum unus surripuerit[③]。

这个原理可以解释的第二个问题，也是语法学家们激烈争论的一个问题，即拉丁语的 quōd[④] 在置于动词后面的时候是什么词的问题，例如西塞罗(Cicéron)说：

> Non tibi objicio quōd hominem spoliasti.[⑤]
>
> (我并不指责你剥夺此人的财富。)

这种表达方式在下层拉丁语(la basse latinité)作家的作品中更为普遍，他们几乎总是使用 quōd 来表达那些用动词不定式也同样可以表述的句子。例如他们总是说：

> Dico quōd tellus est rotunda.
>
> (我说地球是圆的。)

---

① 英译："Are you asking to get back the ring from those men, of whom one of them stole the shoe-sole of your runner while he was running?"(你手下的赛跑者正在奔跑的时候，那些人当中的一个居然把他的鞋底偷走了，难道你还想从他们手里把戒指要回来吗?)

② 英译 of whom。——校者注

③ 英译 when one of them stole。——校者注

④ quōd 一般作副词，表示"为什么、何以"，"多少、何种程度"。——校者注

⑤ 英译：I am not criticizing you that [i. e. because] you robbed the man. ——校者注

而不说 Dico tellurem esse rotundem[①](我说地球是圆的)。一些人认为 quōd 这个词是副词或者是连词,另一些人认为它是关系代词 qui,quoe,quōd 的中性形式。

我认为,这是一个始终与先行词相关的关系词(对此我在前文已经有过论述),但是这个关系词失去了代词的用途,因而与嵌入从句的主语或述语的意义毫无关联,仅仅起着联结从句的作用。这正是我们所说过的希伯来语的句式:

quem projicit eum ventus(风卷起的东西)

这是因为在西塞罗的"Non tibi objicio quod hominem spoliasti"(我并不指责你剥夺此人的财富)这句话里,hominem spoliasti(你剥夺此人的财富)是一个完整的句子,置于这个句子前面的 quōd(即"因为")不是任何名词的代词,也没有加入任何意义。这个词的作用只是在于使它所联结的分句成为整个句子的一个部分,而不再是一个单独存在的句子:

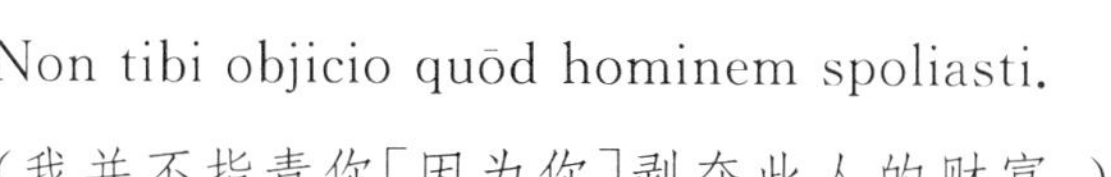

Non tibi objicio quōd hominem spoliasti.

(我并不指责你[因为你]剥夺此人的财富。)

这里,没有 quōd 句子一样能成立,也是一个独立的句子。

对动词不定式我们也可以这样来解释。动词不定式是解决法语 que(来自上文所说的拉丁语的 quōd)这个问题的方法,例如:

Je suppose que vous serez sage; je vous dis que vous

① est rotunda 相当于英语 is round,esse rotundem 相当于英语 to be round。——校者注

avez tort.[①]

(我料想您将变得明智;我要告诉您,您错了。)

这个 que 在句子里没有代词的性质,它只起联结的作用,这种联结的作用使得 vous serez sage(您将变得明智)和 vous avez tort(您错了)这两个句子成为 Je suppose...(我料想……)和 Je vous dis...(我要告诉您……)这类完整句子的一个部分。

我们刚才看到了两个例句,句中的关系词失去了代词的性质,而仅仅具有联结两个句子的作用。但我们还可以指出相反情形的两个例句,其中的关系词失去了联结作用,而仅仅具有代词的作用。这种用途首先继承了拉丁人的语法,他们使用关系词常常仅仅用它作指示代词,而极少用它联结另一个句子。因此,拉丁人的很多句子[②]都以关系词开头,而我们只能用指示代词才能把这个关系代词翻译成通俗语言,这是因为在拉丁文里,这个关系词的联结作用几乎完全丧失了,如果在译文里让这个关系词带上联结的意义,那将很不自然。例如普林尼这样开始写他的颂词:

Benē ac sapienter, P. C., majores instituerant, ut rerum agendarum, ità dicendi initium à precationibus capere, quōd nihil ritē, nihilque providenter homines sine Deorum immortalium ope, consilio, honore, auspicarentur. *Qui* mos, cui

① 这里的 que 相当于英语的 that:"I suppose *that* you will be wise; I tell you *that* you are wrong."——校者注

② 这里的"句子"原文用的是 période(英译 period),指复合的长句,或称"圆周句",其中的主语经常后置。——校者注

potiūs quōm consuli, aut quandō magis usurpandus colendusque est?[①]

上文中的 *Qui* 引导的是一个新的句子,它的作用不是联结上句,因此它的前面是一个句号。所以在译入法文的时候,不能译成 laquelle coutume[②],而应译成 cette coutume[③](这种习俗)。第二句的译文应该是:

Et par qui cette coutume doit-elle être plutôt observée, que par un consul?[④]

(这种习俗应当由谁先于执政官来遵循呢?)

西塞罗的演说词中有很多类似的句式,例如:

Itaque alii cives Romani, ne cognoscerentur, capitibus obvolutis à carcere ad palum, atque ad necem rapiebantur: alii, quum à multis civibus Romanis recognoscerentur, ab

① 英译:"Senators, our ancestors established the good and sensible practice of beginning both their projects and their talk with prayers, on the grounds that men began nothing in a proper and prudent manner without acknowledgement of the aid and counsel of the immortal gods. By whom is *this* [literally, *which*] custom to be practiced and maintained rather than by the Counsel, and at what time more [than now]?"(议员们,在祈祷的仪式和经文两个方面我们的先祖都建立了良好、合理的惯例,这是因为,若没有不朽之神的帮助和训诫,人们绝不可能以一种适宜、审慎的方式来动手做任何事情。那么,除了依靠我们的元老院,还能指望谁来推行和维护这种习俗?如果现在不行动,还要等到何时?)——校者注

② 相当于英语 which custom。——校者注

③ 相当于英语 this custom。——校者注

④ 英译:"by whom is this custom to be practiced rather than by a consul?"——校者注

omnibus defenderentur, securi feriebantur. *Quorum* ego de accerbissima morte, crudelissimoque cruciatu dicam, quum eum locum tractare coepero.①

文中的 *quorum* 应译成法文的 de cette mort②(关于这种死亡)。

关系词只起代词作用的例子还可以在希腊语的 ὅτι 中找到,据我所知,在《希腊语入门新法》问世以前,还没有人准确地观察过这个词的性质。虽然这个小品词很近似于拉丁语的 quod,并且被视为希腊语的关系代词,但是 quod 和 ὅτι 之间依然存在着明显的区别:这个小品词在拉丁语里失去了代词的性质,仅具联结的作用;而它在希腊语里在绝大多数场合却失去了联结的作用,仅具代词的作用。关于这一点,可以参见《拉丁语入门新法》里关于副词的第 4 条和《希腊语入门新法》里的第 8 章第 11 节。例如在《启示录》第 3 章里耶稣基督指责一位自满自足的主教时说:

Λεγειὅτι πλούσιός εἰμί.

相应的拉丁文是:

---

① 英译:"Therefore some Roman citizens, heads covered to avoid recognition, were snatched away from prison to death on the stake [or cross]. Others were beheaded, since many Roman citizens recognized them and all were defending them. I shall speak about *their* [literally *whose*] very painful death and their most cruel torture when I begin to deal with that point."(因此,尽管有些罗马市民蒙起脑袋以免被人认出来,他们仍被从监狱里拽出并处以火刑[或钉死在十字架上]。另一些人被砍掉脑袋,因为许多罗马市民认出了他们,并且都向他们发动攻击。我在叙述这段故事的时候,会讲到他们所经受的痛苦的死刑和极其残忍的刑法。)——校者注

② 英译 about their death。——校者注

dicis quōd dives sum.[①]

这句话的意思不是 quōd ego qui ad te loquor dives sum[②],而是 dicis hoc[③](您说这个),即 dives sum[④](我是富有的)。因此,这里是两句话(oraisons)或两个独立的句子,第二句并不构成第一句的一个部分。这种说话习惯似乎是从希伯来人那里来的,对此我们将在第十七章里加以说明;这一语法现象很值得注意,它能使我们解释希腊语里的许多难句。[⑤]

① 英译:"You say that I am rich."(你说我是个富人。)——校者注

② 英译 that I who speak to you am rich。——校者注

③ 英译 you say this。——校者注

④ 英译 I am rich。——校者注

⑤ 在现代法语语法里,qui,que,ou 明确归类为关系代词;而其中的 que 在关系从句中作从句的直接宾语,在宾语从句中仅为连词,因此 que 成了多义词。——译者注

第十一章　探讨法语的一条规则，这条规则要求不能把关系代词置于不带冠词的名词后面

促使我研究这条规则的原因是，这条规则牵连着很多关于语言的重要原理；如果要详细说明这些重要原理，要用很长的篇幅。

沃热拉先生是指出这条规则的第一个人，他还提出了很多极有创见的其他规则。该规则是，在不带冠词的名词后面，不能使用关系代词 qui[①]。因此，我们可以说：

Il a été traité avec violence.[②]

（他被粗暴地虐待。）

但如果我想要说明这种粗暴达到了惨无人道的程度，则必须在“粗暴”这个名词前面加上冠词：

Il a été traité avec une violence qui a été tout à fait inhu-

---

① 相当于英语 who/which。按英译在此处的注释中引用了沃热拉的一段原话，并指出：“乔姆斯基在《语言与心智》（第 13 页）中提到过沃热拉的这条规则，它涉及法语里不定冠词与关系子句的关系，‘150 年里……在关于发展理性语法的可能性的争论中曾一直是人们关注的问题’。”——校者注

② 英译：He has been treated with violence. ——校者注

maine.①

（他被惨无人道地虐待。）

这条规则初看起来很有道理，但是由于法语的表达方式很多，而有的方式似乎并不符合这条规则，例如：

Il agit en politique qui sait gouverner.②

（他以熟谙治国的政治家的风度采取行动。）

Il est coupable de crimes qui méritent châtiment.③

（他犯下了理应惩罚的罪恶。）

Il n'y a homme qui sache cela.④

（无人知晓此事。）

Seigneur, qui voyez ma misère, assistez-moi.⑤

（明察我的悲苦的主啊，帮帮我吧。）

une sorte de bois qui est fort dur⑥

（一种很坚硬的木头）

我曾想，我们是否可以用更具概括性的论断把这条规则表达出来，以说明上述各种表达方式虽然表面看来不符合规则，实际上却并不违反规则。下面就是我对这条规则的思考。

---

① 英译："He has been treated with a violence which was totally inhuman."——校者注

② 英译："He acts like [a] politician who knows how to govern."——校者注

③ 英译："He is guilty of crimes which deserve punishment."——校者注

④ 英译："There is no man who knows that."——校者注

⑤ 英译："Lord, who sees my misery, help me."——校者注

⑥ 英译 a sort of wood which is very hard。——校者注

根据法语现行的规则，在普通名词不带冠词或没有被类似冠词的其他成分确定的情形下，我们不应该在这个普通名词的后面使用关系代词 qui。

为了明确地理解这个问题，应当考虑区别普通名词的两个方面：其固定的意义（这种固定的意义如果由于歧义或隐喻而发生变化，也只是偶然的现象）；这种固定意义所覆盖的范围，会随着普通名词所表达的对象的大小而变化，即，是指整个类属，还是指某个确定或不确定部分。[①]

关于名词的固定意义所覆盖的范围，我们可以这样说：如果一个普通名词在没有被指明普遍意义还是具体意义的时候，它是不确定的（indéterminé）；在这个名词用于某个具体意义的时候，如果不清楚它是否指某一特定的对象，我们也可以说它是不确定的。相反，如果有某些成分标示出了这个普通名词的确指性（détermination），我们则可以说它是确定的（déterminé）。由此我们可以看出，“确定”并不是“限定”（restreint[②]）的意思，因为正如上文所述，普通名词在被某种方式指明它具有覆盖全部意义范围的情况下，恰恰是确定的，例如：

Tout homme est rasonnable. [③]

（人皆有理智。）

① 英译在此有一注，认为这里说的区别类似于现代所谓“意义”与“所指”的区分。“固定意义”和“覆盖范围”，原文分别为“la signification, qui est fix”和“l’étendue”。——校者注

② déterminé 和 restreint，英译分别为 determined 和 restricted。——校者注

③ 英译：“Every man is rational.”——校者注

上述规则正是立足于这一道理，因为我们在使用普通名词的时候，可以仅仅给予它一般的意义，正如我在上文举出的例句一样：

Il a été traité avec violence.

（他被粗暴地虐待。）

句子里的名词并不需要我来确定。但如果想把事情说得具体一些，就要加进一个 qui。显然，在那些用冠词来确定普通名词的意义范围的语言里，人们使用冠词是为了更准确地说明这个 qui 是跟什么相关联：是指这个名词的总体意义，还是指明确的或不明确的一部分意义。

由此我们还可以看到，由于冠词在这类场合仅仅用于确定普通名词，所以，如果这个普通名词用其他方式来确定的话，我们便可以在它后面加上 qui，就好像这名词的前面有冠词一样。这样表达这条规则，就可以使它具有普遍性；同时这还可以表明，几乎所有看来不符合这条规则的语句实际上都是符合这条规则的，这是因为，不带冠词的名词用别的方式被确定了。但是在我说“用别的方式被确定”的时候，我并没有把句中与名词联系的 qui 包括在内；如果把 qui 包括在内的话，就绝不会违反这条规则，因为我们总是可以说，之所以在没有冠词的名词后面使用 qui，正是因为 qui 本身确定了这个名词。

因此，为了说明违反这条规则的那些语句实际上是有道理的，我们只需考察不带冠词的名词得以被确定的各种表达方法。

1. 可以肯定，只表示一个特定事物的专有名词，其意义是由专有名词自身确定下来的，所以这里我只讲普通名词的问题。下列语句无疑是正确的：

Il imite Virgile, qui est le premier des poètes.①

（他模仿诗人之冠维吉尔。）

Toute ma confiance est en Jésus-Christ, qui m'a racheté.②

（我对赎回我的灵魂的耶稣满怀笃信之情。）

2. 名词的呼格也被呼格本身的性质确定，所以，在名词呼格后面加 qui 的时候，也不必在该名词前面使用冠词；这是因为，名词呼格要取消冠词，取消了冠词才能与名词的主格区别开来。因此，下面的例句并不违反规则：

Ciel, qui connaissez mes maux.③

（知晓我的痛苦的苍天啊。）

Soleil, qui voyez toutes choses.④

（洞察万物的太阳啊。）

3. Ce（这个），quelque（某个），plusieurs（很多），数词二，三，等等，以及 tout（一切），nul（毫无），aucun（没有一个），等等，均同冠词一样确定名词。这已十分明白，不必赘言。

4. 在否定句里，被否定的名词为否定意义本身所确定，因为否

---

① 英译："He imitates Virgile, who is the greatest of poets."——校者注

② 英译："All my trust is in Jesus Christ, who has redeemed me."——校者注

③ 英译："Heaven, who know my afflictions."——校者注

④ 英译："Sun, who see all things."——校者注

定就是去除的意思。因此下列带冠词的肯定句在变成否定式的时候没有了冠词：

Il a de l'argent, du coeur, de la charité, de l'ambition. ①

（他有钱，有好心肠，有慈善之心，有抱负。）

Il n'a point d'argent, de coeur, de charité, d'ambition. ②

（他没钱，没好心肠，没慈善之心，没抱负。）

从而说明下列的句子也不违反规则：

Il n'y a point d'injustice qu'il ne commette. ③

（他无错不犯。）

Il n'y a homme qui sache cela. ④

（无人知晓此事。）

甚至下面一句也不违反规则：

Est-il ville dans le royaume qui soit plus obéissante? ⑤

（在这个王国里还有更加顺从的城邦吗？）

因为一个肯定句式加上疑问语气，就变成了否定意义，即：

Il n'y a point de ville qui soit plus obéissante. ⑥

---

① 英译："He has money, courage, charity, ambition."按：法语在此须用部分冠词 de la, de le (=du), de les (=des)，英语则没有类似的要求。——校者注

② 英译："He has no money, courage, charity, ambition."——校者注

③ 英译："There is no injustice which he does not commit."——校者注

④ 英译："There is no man who knows that."——校者注

⑤ 英译："Is there a city in the kingdom which is more obedient?"——校者注

⑥ 英译："There is no city which is more obedient."——校者注

（没有更加顺从的城邦。）

5. 在肯定句里，主语控制着述语[①]，也就是说，主语确定（détermine）述语，这是一条绝对明白无误的逻辑规则。因此，下列的推理是错误的：

L'homme est animal, le singe est animal, donc le singe est homme. [②]

（人是动物，猴子是动物，因此猴子是人。）

原因是，animal（动物）虽然在前两个句子里作述语，但是句子里的两个不同的主语却确定着两种不同的 animal。所以，下面一句并不违反我们的规则：

Je suis homme qui parle franchement. [③]

（我是个说话直爽的人。）

因为句子里的 homme（人）被 je（我）确定。因此，句子里跟在 qui 后面的动词用第一人称比用第三人称更合适，比如说：

Je suis homme qui ai bien vu des choses. [④]

（我是看穿事物的人。）

而不说：

---

① 原文为"le sujet attire a soi l'attribut"，英译"the subject draws the predicate to itself"。——校者注

② 英译："Man is an animal, a monkey is an animal; therefore a monkey is a man."——校者注

③ 英译："I am a man who speaks frankly."——校者注

④ 英译："I am a man who have seen many things."——校者注

Je suis homme qui a bien vu des choses. [1]

6. sorte（种类），espèce（类别），genre（种类）等词确定着跟随其后的词，因此这些跟随的词不应该带冠词：une sorte de fruit（一种水果），而不说 d'un fruit[2]。所以，下列说法是正确的：

une sorte de fruit qui est mûr en hiver[3]

（一种在冬天成熟的水果）

une espèce de bois qui est fort dur[4]

（一种十分坚硬的木头）

7. 法语的小品词 en[5]，其意义部分相当于拉丁文的 ut[6]，如 vivit ut rex（他像国王那样生活），用法语说就是 il vit en roi。这个小品词本身含有冠词意义，其意义同于 comme un roi 或 en la manière d'un roi[7]（像国王一样）。所以下列句子不违反规则：

Il agit en roi qui sait règner. [8]

（他的作为像个深谙统治术的国王。）

Il parle en homme qui sait faire ses affaires. [9]

---

① 英译："I am a man who has seen many things."——校者注

② 英语也一样，说 s sort of fruit，不说 a sort of *a* fruit。——校者注

③ 英译 a sort of fruit which ripens in winter。——校者注

④ 英译 a species of wood which is very hard。——校者注

⑤ en，相当于英语的 in。——校者注

⑥ ut，"如同，好像"。——校者注

⑦ 英译 like a king，in the manner of a king。——校者注

⑧ 英译："He acts like a [in] king who knows how to rule."——校者注

⑨ 英译："He speaks like a [in] man who knows how to conduct his affairs."——校者注

(他像个深通事理的人那样说话。)

句子里的 en roi,en homme 就是 comme un roi,comme un homme 的意思。

8. 当 de 放在复数名词前面的时候,常常是 des 的意思(des 是冠词 un 的复数形式),对此我在冠词一节里已有说明。因此下列表达方式正确无误,符合我们的规则:

Il est accablé *de* maux qui lui font perdre patience. ①

(他因痛苦不堪而失去耐心。)

Il est chargé *de* dettes qui vont au-delà de son bien. ②

(他所负的债务超出了他的财产支付能力。)

9. 下列表达无论好坏,都不违反所说的规则:

C'est grêle qui tombe. ③

(落下来的是冰雹。)

Ce sont gens habiles qui m'ont dit cela. ④

(告诉我这件事情的是内行人。)

因为,句子里的 qui 并不与不带冠词的名词相关,而是与用来表示各种人称和数的 ce⑤ 相关。不带冠词的名词 grêle(冰雹)、gens

---

① 英译:"He is overwhelmed by troubles which make him lose patience."——校者注

② 英译:"He is charged with debts which exceed his belongings."——校者注

③ 英译:"It is hail which falls."——校者注

④ 英译:"It is able people who told me that."——校者注

⑤ 相当于英语的 it。——校者注

habiles（内行人）是我这个说话人所肯定的，因此是述语，而 qui 构成我所肯定的主语的一部分。我所肯定的是落下来的东西，即“冰雹”；我肯定的是告诉我这件事情的人，即“内行人”；因此，qui 与不带冠词的名词无关，这与我们所说的规则无关。

除此之外，如果还有其他看似违反规则的表达方式，不能用以上观察所得的结果来解释，我相信这些表达方式应该是一种古老语体的遗迹，根据这种语体冠词几乎总是被省略。所以，对于那些考察一种活语言的人来说，始终应当注意这样一个准则：常用的说话方式如果已为一般运用认可，没有遇到人们的反对，那就应当被认为是恰当的；即使这些说话方式与规则不相符合，或者不合乎语言的类推原理，它们也应当被认为是恰当的。当然，我们不应当就此对语法规则产生怀疑，也不应当就此扰乱语言的类推原理，更不应当就此说出并未得到认可的语句。倘若只是把眼光停留在那些怪异反常的用法上，而忘却了这个准则，将会使得语言没有一定的规矩可循；如果没有了原则，语言也就永远不可能定形。

第十二章　论介词

我们在第六章里曾经说过，格和介词的创立出于同一个用途，即标示事物之间的关系。

在一切语言里，用介词标示的关系几乎都是一样的，所以我在本文中仅仅论及法语介词所标示的主要关系，而不像一部具体的语法[①]那样去做精细的描述。

我想我们可以把这些关系归纳为以下一些类别：

地点方位—次序	chez	Il est chez le roi.[②]（他在王室。）
	dans	Il est dans Paris.（他在巴黎城内。）
	en	Il est en Italie.（他在意大利。）
	à	Il est à Rome.（他在罗马。）
	hors	Cette maison est hors de la ville.（这间房舍在城外。）
	sur	Il est sur la mer.（他在海上。）
	sous	tout ce qui est sous le ciel（天底下的一切）
	devant	Un tel marchait devant le roi.（某人在国王前面走。）
	après	Un tel marchait après le roi.（某人在国王后面走。）

① “具体的语法”，原文为 une Grammaire particulière，英译 a particular grammar。注意原文中“语法”一词是大写，应是指描述一种特定语言的语法书。英译者在此处加注指出，作者说的“具体语法”正是相对“普遍语法”而言，即，要以法语为例来说明普遍原则。——校者注

② chez，“在谁家、在某人处”，相当于英语的 at the place of。这个例句也可译为

时间		avant	avant la guerre(战争之前)
		pendant	pendant la guerre(战争期间)
		depuis[1]	depuis la guerre(自从战争以来)
界限	朝向	en	Il va en Italie.(他去意大利。)
		à	Il va à Rome.(他去罗马。)
		vers	L'aimant se tourne vers le Nord.(磁针指向北方。)
		envers	son amour envers Dieu(他(她)对上帝的爱)
	离开	de	Il part de Paris.[2](他从巴黎动身。)
原因	动因	par	maison bâtie par un architecte(由一位建筑师建造的房子)
	质料	de	de pierre ou de brique(石头的或砖的)
	目的	pour[3]	pour y loger(为了在那里居住)

"他在国王那儿"。以下 8 个法语介词在英语里的对应词分别为：dans＝in，en＝in，à＝at，hors＝out，sur＝on/upon，sous＝under，devant＝before/in front of，après＝behind；法语例句的英译依次为：He is at the place of the king；He is in Paris；He is in Italy；He is at Rome；This house is out of the city；He is upon the sea；All which is under heaven；Such a one walked before the king；Such a one walked behind the king.——校者注

① avant ＝ before，pendant ＝ during，depuis ＝ since。——校者注

② en/à＝to，vers/envers＝towards，de＝from；这一组 5 个例句的英译依次为：He goes to Italy；He goes to Rome；The magnet turns towards the north；his love towards God；He leaves for Paris. ——校者注

③ par＝by，de＝of，pour＝in order to；3 个短语的英译依次为：house built by an architect；of stone or of brick；in order to live there。——校者注

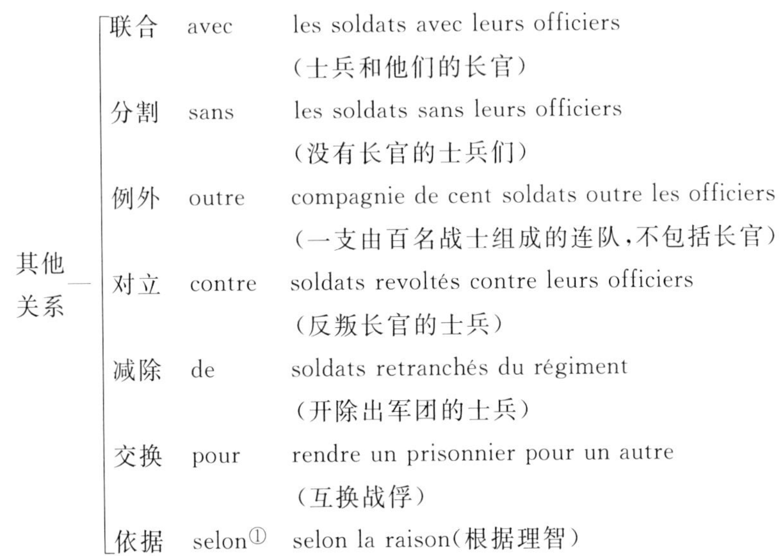

其他关系			
	联合	avec	les soldats avec leurs officiers（士兵和他们的长官）
	分割	sans	les soldats sans leurs officiers（没有长官的士兵们）
	例外	outre	compagnie de cent soldats outre les officiers（一支由百名战士组成的连队，不包括长官）
	对立	contre	soldats revoltés contre leurs officiers（反叛长官的士兵）
	减除	de	soldats retranchés du régiment（开除出军团的士兵）
	交换	pour	rendre un prisonnier pour un autre（互换战俘）
	依据	selon①	selon la raison（根据理智）

关于所有语言的介词，特别是法语的介词，有几点值得讨论。

1. 关于介词，所有语言都违反了理性原则，也就是说，所有语言都没有做到一种关系仅用一个介词标示，或一个介词只表示一种关系。相反，正如上述法语例句所示，在一切语言里，同一种关系都有几个介词表达，例如：dans，en，à；而同一个介词可以表达几种关系，如：en，à。以至于在希伯来语和深受希伯来语影响的希腊语《圣经》里常常出现意义模糊的句子，因为希伯来语本身介词很少②，希伯来人经常赋予介词不同的用法。因此，

① avec＝with，sans＝without，outre＝besides，de＝from，pour＝for，selon＝according to；7 个短语的英译依次为：the soldiers with their officers；the soldiers without their officers；a company of a hundred soldiers besides officers；soldiers revolted against their officers；soldiers excused from the regiment；give up a prisoner for another；according to reason。——校者注

② 英译者指出，这一说法不对。——校者注

称作词缀的介词ɔ(因为这个词附着在别的词上)具有多个含义，而《新约》的作者把它译成ἐν，相当于in①；他们也把ἐν或in用于极不相同的意义。尤其是在《圣保禄》里，in有时是par(由)的意思：

Nemo potest dicere, Dominus Jesus, nisi in spiritu sancto. ②

有时是selon(根据)的意思：

Cui vult nubat, tantum in Domino. ③

有时是avec(与)的意思：

Omnia vestra in charitate fiant. ④

以及另外一些意思。

2. 介词de和à不仅分别标示生格和与格，而且也标示其他关系。例如：

Il est sorti de la ville. ⑤

---

① 这里的in是拉丁语介词，表示"到/向……"、"在……"、"当……"等多种意义。——校者注

② 英译："No one can say 'Lord Jesus' unless he speaks by the Holy Spirit."(没有人可以说"主耶稣"，除非他以圣灵的名义说话。)——校者注

③ 英译将此句断为："Cui vult, nubat tantum in Domino."译文作："She may marry whom she will, only let her marry according to the Lord."(她想嫁谁就可以嫁谁，但愿她在婚姻上依从主的吩咐。)——校者注

④ 英译为："Let all your actions be done with charity."(你们所有的行为都要出自善心。)——校者注

⑤ 英译："He has exited from the city."——校者注

(他从城里出来了。)

Il est allé à sa maison des champs. ①

(他去了田间的房舍。)

在上面的两个句子里,de 不标示生格,而是介词 ab 或 ex② 的意思;à 不表示与格,而是相当于介词 in,意思跟说 abiit in villam suam③ 是一样的。

3. 应当把 dans(在……里面)、hors(在……外面)、sur(在……上面)、sous(在……下面)、avant(在……前面)这五个介词与 dedans(在……里面)、dehors(在……外面)、dessus(在……上面)、dessous(在……下面)、auparavant(以前,在这之前)区别开来④。后五个词虽与前五个词同义,但不是介词,至少在通常情况下不是介词。

这些词中的最后一个是副词,可以独立使用,不出现于名词的前面。例如:

Il était venu auparavant. ⑤

(他此前来过了。)

不应当说:Il était venu auparavant dîner,⑥而应当说 avant dîner

① 英译:"He has gone to his country house."——校者注

② 均为拉丁语,分别相当于英语的 from 和 out of 。——校者注

③ 英译:"He went off to his own house."——校者注

④ 这两组法语介词在英语里的对应词是:dans=in, hors=out of, sur=on, sous=under, avant=before; dedans=inside, dehors=outside, dessur=on top, dessous=underneath, auparavant=formerly。——校者注

⑤ 英译:"He had come formerly."——校者注

⑥ 相应的非正确英译:"He had come formerly dinner"(* 他以前晚餐来过了), formerly 应改为 before。——校者注

或 avant que de dîner(他在晚餐之前来了)。至于另外四个词,我认为它们是名词,因为它们几乎总是带有冠词:

le dedans(里面)　　le dehors(外面)

du dedans(在里面)　　au dehors(在外面)

而且它们支配着后随的名词,这类名词处于生格,这跟实体名词所支配的对象是一样的:

au dedans de la maison(在房舍里面)

au dessus du toit(在屋顶上面)

但是,正如沃热拉先生指出的那样,我们也可以观察到例外的情形:当这对意义相反的词一起使用,并且当名词只能跟在它们中的一个后面的时候,这两个词又变成了介词,例如:

La peste est dedans et dehors la ville.

(瘟疫蔓延于城市内外。)

Il y a des animaux dessus et dessous la terre.

(大地的上下皆有动物。)[1]

4. En,y,dont,où 这四个小品词既涵盖了 de 或 à 的各种意义,又包括 lui 或 qui,因为:

en=de lui

y=à lui

[1] 这两个句子的英译分别为:"The plague is inside and out of the city";"There are animals above and beneath the earth."——校者注

dont＝de qui

où＝à qui[①]

这些词的主要用途在于遵循我们在“论代词”一章里说到过的两条规则，即 lui 和 qui 在生格、与格和夺格中一般仅指人，而如果是指物，则要：

用 en，而不用生格 de lui 或代词 son；

用 y，而不用与格 à lui；

用 dont，而不用生格 de qui 或 duquel（duquel 不是不可以用，只是其意义很不生动[②]）；

用 où 而不用与格 à qui，或用 auquel。

请参照第二部分第八章“论代词”。

① 分别相当于英语的 of him/her/it，to him/her/it，of which/whom，to which/who。——校者注

② “很不生动”，原文是 assez languissant，英译 too weak。——校者注

第十三章　论副词

人类需要把话说得简短就创造了副词。绝大多数这类小品词[①]都可以把那些由一个介词和一个名词来标示的意义仅用一个词表达出来，例如在拉丁语里，表示“明智地”一义，可以说 sapienter（相当于法语 sagement），以代替 cum sapientia（相当于法语 avec sagesse）[②]；表示“今天”，可以用 hodie 代替 in hoc die[③]。

在通俗语言里，如果副词用介词加名词表达，则更显高雅。例如，说法语的人们乐意这样说：

avec sagesse（明智地）

avec prudence（谨慎地）

avec orgueil（自傲地）

avec modération[④]（适度地、温和地）

① 作者把副词看作“小品词”（particules），显然是因为副词像介词等一样没有词形变化。现在一般把小品词理解为有语法意义而无词汇意义的虚词（或称语助词），副词因有实义，不在其列。——校者注

② 英语的类似表达是 wisely/with wisdom。——校者注

③ 英语的类似表达是 today/on this day。——校者注

④ 相当于英语的 with wisdom，with prudence，with pride，with moderation。——校者注

而不怎么使用相应的副词 sagement，prudemment，orgueilleusement，modérément。但是拉丁语相反，使用副词更加高雅。

所以，名词常常被当作副词使用，例如拉丁语：

instar（如……一样）

primum（第一，首先）

primo（首先，起初）

partim（部分地）……（详见《拉丁文入门新法》）

又如法语：

dessus（在上面）

dessous（在下面）

dedans（在里面）

这些词本来是名词，对此我们在上一章已有所论述。

因为这些小品词通常与动词结合，以便修饰和限定动词所表示的动作，所以人们称它们为副词[①]，例如：

Generose pugnavit.[②]（他勇敢地战斗。）

① “副词”（拉丁语 adverbium/法语 adverbe）一词的字面意义是“贴近[动]词”（ad+verbium）。——校者注

② 拉丁语，英译为“He fought valiantly”。——校者注

第十四章　论动词和动词的特性

至此，我们探讨了表达思想对象的各个词类；下文将探讨那些表达思想方式的词类，即动词、连词和感叹词。

我们在本书开始时说过，动词的性质取决于我们对事物的判断。例如我说“La terre est ronde（地球是圆的）”，这一判断必然包含两个项，一个项称作主语，即我们所断言的对象，在此是 terre（地球）；一个项称作述语[①]，即我们所断言的内容，在此是 ronde（圆的）。此外，还有这两项之间的联结，实际上也就是用于断定述语的精神行为。

因此，人们既需要创造表示思想对象的词，也需要创造表示断言（l'affirmation[②]）的词，因为断言是我们思想的主要方式。

动词的主要用途正是表示断言，即表示在使用动词的话语里，说话人不仅构想事物，而且判断和断言这个事物。因此，动词与诸如 affirmans，affirmatio[③] 等表示断言的名词不同，因为这些名词虽然也表示断言，却是思想的对象，即不表示说话人用它们进行断言，而仅仅是在构想断言。

① “主语”、“谓语”，或译“主词”、“谓词”，见胡译。——校者注

② 此词英译作 affirmation or assertion。——校者注

③ 拉丁语，相当于英语的 an affirming 和 affirmation。——校者注

我说动词的主要用途是表示断言，因为下文我们还会看到，动词还可以用于表示其他精神活动，例如愿望、祈求、命令等等；而要表示这些精神活动，动词只需变换词尾和语式[1]。因此在这一章里，我们只考察动词的主要意义，即它的直陈式，暂且不谈动词的其他意义。

有鉴于此，我们可以说，动词本身仅仅用于表示一个句子里的两个项在我们精神中的联结。但是，只有称作实体动词[2]的 être（是）才具有这种纯粹的功能；而且，这个动词只有在现在时第三人称 est 的某些情形中才具有这一功能。这是因为，说话人总是倾向于简化他们的话语，因此总是在断言的词里加入其他意义。

1. 说话人在断言里加入某种表语[3]，使得两个词构成一个句子，例如：

Petrus vivit.[4]（彼得活着。）

因为 vivit（活着）这个词不仅包含着断言，而且包含着“是活着的”这一属性[5]。因此，下面两个法语句子是同一个意思：

Pierre vit.（彼得活着。）

① “语式”（mode），英译 mood。——校者注

② “实体动词”（le verbe substantif），英译 the substantive verb。——校者注

③ “表语”（attribut），英译 attribute，指表示属性的成分（所以与下文的“属性”一词同形）。本书作者对我们今天说的“表语”和“述语（谓语）”也未作区分，都称为 attribut。胡译作“属性”。——校者注

④ 拉丁语，相当于英语“Peter lives”，也可译作“他生活”或“他生活着”。这样的句子在语法上是完整的，但就意义来说难以离开上下文而独立存在。——校者注

⑤ “属性”，原文也是 attribut，英译 the property (of being living)。——校者注

Pierre est vivant.[①]（彼得是活着的。）

这就是每种语言都拥有各式各样的动词的原因。如果我们只想赋予动词断言的意义，而无须加入特别的表语意义的话，那就只需要使用一个动词，即我们所说的实体动词 être。

2. 说话人有时候还在断言里加入句子的主语，使得两个词甚至一个词构成一个完整的语句。两个词构成一个完整句子的例子是：

Sum homo.[②]（我是人。）

其中 sum 不仅表示断言，而且包含代词 ego（我）这个句子的主语。用法语说就是：

Je suis homme.

一个词构成一个完整句子的例子是：

Vivo.（我活着。）

Sedeo.[③]（我坐着。）

这两个动词本身不但包含着断言和述语，还包含着第一人称主语，等于是说：

Je suis vivant.（我是活着的。）

Je suis assis.（我是坐着的。）

---

① 相应的英语句子是："Peter lives"，"Peter is living"。——校者注

② 拉丁语，主语"我"省略了。——校者注

③ 英译作"I am living"；"I am sitting."——校者注

由此便产生了所有动词通常都有的各种人称。

3. 说话人还在断言里加入与时间的关系，例如：

Coenasti.[①]（你用过晚餐了。）

这一个词就使得我能够断言与我对话者用晚餐的行为，并且表示出用晚餐的时间是过去而不是现在。由此就产生了所有的动词通常都有的多样的时态。

这样一些附带于一个词里面的各种意义，使得许多很聪明的人也不能够清楚地认识动词的性质。他们未能根据动词的断言作用来认识动词的本质，而仅仅根据某些偶然的关系来观察动词。

比如，亚里士多德仅仅着眼于附加于动词主要意义的第三种意义，把动词定义为“vox significans cum tempore[②]（同时间一起表意的词）”。

另一些人，如布克斯多夫[③]，只注意到附加于动词主要意义的第二种意义，把动词定义为“vox flexilis cum tempore et persona”[④]，即“具有时间和人称、且有多种屈折形变的词”。

还有一些人只看到附加于动词主要意义的第一种意义，并且

① 该动词的不定式为 coenare（吃晚饭）。——校者注

② 法语表述为“un mot qui signifie avec temps”，英译作“a word which signifies with time”。——校者注

③ Johannes Buxtorf (1564—1629)，时为巴士勒（Basle）希伯来语教授，以研究语法见长，著有《希伯来语语法纲要》。——校者注

④ 法语表述为“un mot qui a diverses inflexions avec temps et personnes”，英译作“a word which has different inflections with time [tenses] and persons”。——校者注

认为附加于断言的表语表示行为和情感，因此认为动词的本质在于"表达行为或情感"。

最后是儒勒-凯撒·斯卡利杰，他自认为发现了其中的奥妙。在《论拉丁语之原理》中他说，事物区分为"恒定"与"流变"(in permanentes et fluentes)正是划分名词与动词的真正原因，因为名词表示持久的存在，而动词表示变化、过程。

但是我们很容易看出，所有这些定义都是错误的，不能够说明动词的真正性质。

前两个定义的表述已经显出了这样的错误，因为这两个定义说的不是动词表示什么，而是仅仅说明了动词用什么来表义：cum tempore，cum persona(用时间(时态)和人称)。

后两个定义更不好，因为它们作为定义有两个很大的缺陷：neque omni，neque soli；也就是说，既不适于被定义事物的全体，也不适于被定义事物的个体。

这是因为，有些动词既不表示动作或情感，也不表示发生和经过，例如：

existit(存在着)

quiescit(待着)

friget(是寒冷的)

alget(冷却了)

tepet(是温暖的)

calet(是热的)

albet(是白的)

viret(是绿的)

claret[①](是亮的)

……

我们在后面还将论及这个问题。

而根据斯卡利杰的定义，有的词根本就不是动词，却表示动作和情感，甚至表示事物的变化。很显然，分词具有地道的名词属性，但是主动动词的分词却表示动作，被动动词的分词则和被动动词一样表示情感；因此，fluens(流动)与 fluit[②](流动)无疑都表示正在发生的过程。

因此我们可以给动词的前两个定义做如下补充：

分词也以时间[时态]来表义，因为分词有现在、过去和将来之别，这在希腊语中尤其显而易见。[③] 有人认为，呼格的词尾实际上是第二人称(特别是如果其词尾不同于主格)，这样说虽不无道理，但他们应当明白，这个词尾只不过是或多或少表示了动词与分词的区别[④]。

分词不是动词，其根本原因是分词不表示断言。因此，分词不

---

① 这 9 个词均为拉丁语，也构成独立的句子，英译作：it exists; it rests; it is cold; it is chilled; it is warm; it is hot; it is white; it is green; it is bright. 法语、英语、德语需用第三人称代词“它”(il/it/es)引出无人称句，拉丁语则不必有第三人称代词；如英语说“it is obvious”，在拉丁语里则是“apparet”，看起来像是一个词，实际是一个句子。——校者注

② 不定式为 fluere(流、淌)，fluit 是单数第三人称的现在时形式，相当于英语“it flows”；fluens 是现在分词，相当于英语 flowing。——校者注

③ 希腊语里，分词不但有人称之别，有主动、被动、中动三态之分，还要根据现在时、不定过去时(aorist)、将来时、完成时而变化词尾。——校者注

④ 英译将此句意释为：“但他们会发现，分词和动词之间在这一点上只有量[而非质]的区别。”——校者注

能构成句子(这是动词的特有功能),而若要构成句子,必须加入动词,即必须加入演变出这个分词的动词。例如,为什么 Petrus vivit(彼得活着)是一个句子,而 Petrus vivens 在加入 est 之前却不能构成句子?因为,为了构成分词 vivens(活着的),句中的 vivit 所包含的断言失去了。因此我们可以说,一个词是不是动词,要看这个词是不是表示断言。

顺便还要指出,不定式动词常常可以当名词,如 le boire(喝),le manger[①](吃),它们与分词是不同的。不同之处在于,分词属形容词性名词(nom adjectif),而不定式动词属实体名词(nom substantif),由形容词的抽象化而构成。这道理跟拉丁语的 candor(白色)由 candidus(白色的)抽象而来,法语的 blancheur(白色)由 blanc(白色的)抽象而来,是一样的。所以,拉丁语的 rubet[②] 意为"是红色的",包含着断言和表语二者;分词 rubens 仅表示"红色的"的意思,不表示断言;而 rubere 作为名词,则表示"红色的性质"。

因此可以肯定地说,动词的本质以及动词唯一真实的定义是:Vox significans affirmationem,即"表示断言的词"。除动词之外,再没有表示断言的词;我们也找不到不表示断言的动词,至少在直陈式里是如此。毫无疑问,如果说人们发明了 est (是)这样一个词来表示断言,同时并不区分人称和时态,而只是用名词和代词来

---

① boire(喝)和 manger(吃)是动词,前面加上冠词 le 后,又指"喝的"、"吃的";le boire et le manger 相当于英语的 the drink and the food。——校者注

② 不定式为 rubere(变红、发红),rubet 是单数第三人称现在时形式;rubens(发红的、带红色的)是现在分词,作形容词,如 rubens uva(发红的葡萄)。——校者注

表示不同的人称，用副词表示不同的时态，那么这个词并不就因此而失去真正的动词之本质。例如在哲学家称作永久真实的命题句中：

Dieu est infini.

（上帝是无限的。）

Tout corps est divisible.

（一切物体都是可分的。）

Le tout est plus grand que sa partie. [①]

（整体是大于其部分的。）

其中的 est（是）这个动词仅仅表示断言，与时间没有任何的关联，其原因是，这些命题在任何时候都是真实的，并且无须区别人称。[②]

因此，动词就其本质特性而言是表示断言。但如果人们想在动词的定义里加入一些主要的偶性，则可作如下定义：Vox significans affirmationem, cum designatione personae, numeri et temporis. [③]即，"动词是表示断言的词，同时也兼表人称、数和时间。"这一定义适用于实体动词。

还有一些动词把断言和属性结合在一起，对这些动词可作如

---

① 相应的英译为："God is infinite"；"All body is divisible"；"The whole is greater than its parts." ——校者注

② 英译在此有一注，认为这里所作的区分也即康德后来说的"先验的分析判断"，而休谟则称之为"概念的关系"。——校者注

③ 拉丁语，英译为："a word which signifies affirmation or assertion, with the designation of person, number, and time [tense]." ——校者注

下定义：Vox significans affirmationem alicujus attributi，cum designatione personae，numeri et temporis. [①]即，"动词是就某个属性进行断言的词，同时也兼表人称、数和时间。"

由此可见，动词的断言也可以是表语，例如拉丁语动词 affirmo（肯定）表示两个断言，其一与说话人有关，其二与被论及者有关。在我说 Petrus affirmat（彼得肯定[地说]）这句话的时候，句子里的 affirmat（肯定）与 est affirmans[②]（是肯定的）的意思是一样的。因此，est（是）表示我这个说话人对于彼得的断言，而 affirmans（肯定的）表示我这个说话人所构思并赋予彼得的断言。

nego（否定）这个拉丁语动词包含着断言和否定，其道理也如上所述。

因此我们应当注意，虽然我们的断言有时不是肯定的，而是否定的，但是动词本身总是表示肯定，而否定则由诸如 non（不）、ne（不）等小品词表示，或者由诸如 nullus（法语 nul，"没有"）、nemo（法语 personne，"没有人"）等名词表示；这些词附加在动词上，把肯定变成否定，例如：

> Nul homme n'est immortel. [③]
> （没有哪个人是长生不老的。）

---

① 拉丁语，英译为："a word which marks the affirmation or assertion of some attribute，with the designation of person，number，and time [tense]." ——校者注

② affirmat 相当于英语的 affirms，est affirmans 相当于英语的 is affirming。——校者注

③ 此句本为法语，英译"No man is immortal."注意"nul... ne..."从形式上看是双重否定，此句若按字面理解，则是"没有哪个－人－不－是－不朽的"。——校者注

Nullum corpus est indivisibile.①

（没有任何物体是不可分割的。）

至此我们已经说明了动词的本质，也简要地说明了动词主要的偶性。现在需要特别研究一下这些偶性，让我们从所有动词的共同偶性开始观察，那就是各种人称和数，以及时态。

① 此句为拉丁语，英译“No body is indivisible.”——校者注

第十五章　论动词的人称和数

我们曾经说过，动词所具的各种人称和数起源于这样一个事实，即为了简便，在同一个词里把句子的主语跟动词所固有的断言结合起来，至少在某些情况下如此。例如，当一个人说到自己的时候，句子的主语是第一人称代词 ego（拉丁语，“我”），moi 或 je（法语，“我”）；而在他说到他的对话者的时候，句子的主语是第二人称代词 tu（法语/拉丁语，“你”），toi（法语，“你”），vous（法语，“您，你们”）。

但是，为了避免总是重复这些代词，人们觉得可以在表示断言的动词后面加上一个词尾，以便表示所论及者是人们自己，这就有了动词的第一人称，例如：

video[①]（我看见）

同样，对于跟自己对话的人，则在表示断言的动词后面加上另一个词尾，于是就有了动词的第二人称：

vides（你看见）

而在同时说到自己和别人的时候，这些代词都有复数，也就是

① 拉丁语，主语缺省，相当于法语 je vois，英语 I see。——校者注

nos(拉丁语,“我们”),nous (法语,“我们”);在同时说到对话者和别人的时候,则使用 vos(拉丁语,“你们”),vous(法语,“你们”);于是也有两个不同的动词词尾:

videmus(我们看见)

videtis(你们看见)

但是,由于句子的主语常常既不是说话人,也不是对话者,就有必要让上述两个人称保留自己的词尾,再另外创制第三种词尾,以用来表示句子的所有其他主语。这就是人们所说的第三人称,包括单数和复数。虽然 personne(人称)这个词严格说只适合于指称有思想和智慧的实体,即,只适用于第一人称和第二人称,但我们仍然使用“第三人称”这个术语,用它来指称各种不同的事物,而不是只限于指人。

由此可知,若按自然的道理,所谓第三人称本来应该是动词的主干①,就像在东方语言②里所见到的那样。因为动词理应首先表示断言,而不特意表示任何主语。然后动词才加入新的变位形式,把第一人称或第二人称作为主语包括进来。

动词第一人称和第二人称的词尾变化表明,在古代语言里人们很少把第一人称和第二人称代词加到动词上面,例如拉丁语:

video(我看见)

vides(你看见)

---

① “主干”(le thème),英译 the stem,指动词人称变位的基本形式。——校者注

② “东方语言”(les langues orientales),指希伯来语和阿拉伯语。——校者注

videmus(我们看见)

videtis(你们看见)

这样做是很有道理的。正是为了避免把这些代词添加到动词上,人们才发明了动词的词尾。但是通俗语言,特别是我们的法语却总是把代词加于动词:

je vois(我看见)

tu vois(你看见)

nous voyons(我们看见)

vous voyez(你们看见)

其原因可能是:经常有这样一些动词,它们的不同人称并没有互相区别的词尾,譬如所有以-er 收尾的动词[①]就是这样。动词 aimer(爱)的第一、第三人称词尾就是相同的:

j'aime(我爱)

il aime(他爱)

还有一些动词的第一人称和第二人称的词尾是相同的:

je lis[②](我读)

tu lis(你读)

而在意大利语里,三个人称单数的动词词尾形式常常是相同的。在法语里,某些人称的动词在不带代词的时候,是表示命令

① 在法语里,不定式以-er 收尾的动词也称"第一组动词"。——校者注

② 不定式为 lire(阅读),属第三组动词。——校者注

式，例如：

vois([你]瞧！)

aime([你]爱！)

lis([你]读！)

在希腊语里，动词和名词除了有单数和复数以外，还有表达两个事物的双数。不过，使用双数的情况很少。

在东方语言里，人们还认为应该辨别阳性和阴性，以便区分断言对象的性别，所以这些语言的动词在同一个人称时带有不同的词尾，以示不同的性别。这样做时常可以避免意思模糊不清。

第十六章　论动词的各种时态

我们讲过，动词除了表示断言之外，还有时态意义，这是因为动词的断言是在不同的时间实现的，由此确定某一事物怎么样，或曾经怎么样，或将要怎么样。为了表示不同的时态，要把另外一些词尾赋予动词。

简单的时态只有三种：[①]

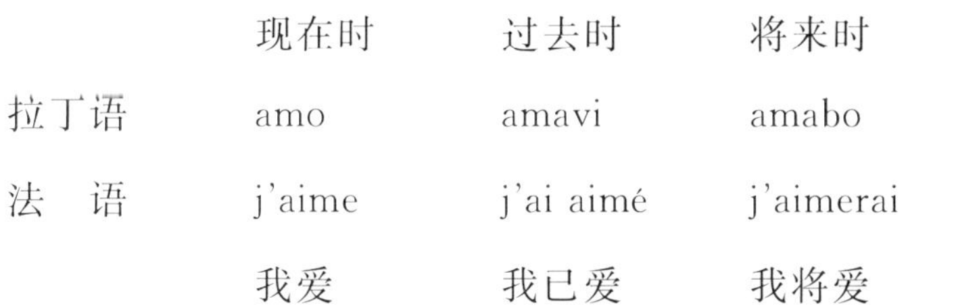

	现在时	过去时	将来时
拉丁语	amo	amavi	amabo
法　语	j'aime	j'ai aimé	j'aimerai
	我爱	我已爱	我将爱

但是在过去时中，由于可以表示一件事情刚刚完成，或表示在某个不确定的时间已经完成，因此在大多数通俗语言中出现了两种过去时态。

一种表示事情恰好完成，因此称为确定过去时[②]，例如：

---

① 为清晰起见，我们将原著的文字叙述作了归整，排列为表格形式。相应的英语形式是：I love，I have loved，I will love。——校者注

② “确定过去时”和“不确定过去时”，原文分别为 prétérit défini 和 prétérit indé-

j'ai écrit（我写了）

j'ai dit（我说了）

j'ai fait（我做了）

j'ai dîné[①]（我吃了晚饭）

另一种表示事物不是恰好完成，因此称为不确定过去时，例如：

j'écrivis（我曾经写了）

je fis（我曾经做了）

j'allai（我曾经去了）

je dînai[②]（我曾经吃了晚饭）

这种不确定过去时的恰当用法，是表示与我们说话的时间较远的一个日期，至少要有一天之隔[③]，例如我们可以说：

J'écrivis hier.[④]（昨天我曾经写了信。）

fini（或aorist）。英译在此处加注指出，作者所谓"确定"和"不确定"的过去时，与这两个术语现在的意义正相反。比如根据一般的理解，I wrote, I said, I did之类是确定或简单的过去时，而I have written, I have said, I have done之类则是不确定或复合的过去时。——校者注

① 英译依次为：I have written, I have said, I have done, I have dined。——校者注

② 英译依次为：I wrote, I did, I went, I dined。——校者注

③ "至少要有一天之隔"（au moins éloigné d'un jour），这一说法不无疑问。日常语言表达中自然不会精确到以"一天"来分别两种时态。英译在稍后的一处注释中，引用了Ferdinand Brunot在《法语历史语法纲要》（*Précis de Grammaire historique de la langue française*, Paris: Masson et Cie., 1949, p. 380）里的一段论述：16世纪末，至少在巴黎，两种过去时的分别已经不那么明显了；然而在17世纪，仍有语法家试图制定出一些规则，把两种时态人为地区别开来。——校者注

④ 相当于英语I wrote yesterday。——校者注

但是却不能说：

J'écrivis ce matin.（今天早上我曾经写了信。）

J'écrivis cette nuit.[①]（昨天夜里我曾经写了信。）

而应该说：

J'ai écrit ce matin.（今天早上我写了信。）

J'ai écrit cette nuit.[②]（昨天夜里我写了信。）

我们的法语具有如此确切的表意能力，在这方面不允许任何例外，而西班牙人和意大利人有时却混淆这两种过去时，以一种来代替另一种。

将来时也存在同样的区别，这是因为我们可以表示一件马上就要发生的事情。希腊语就有这样一种将来时，即所谓最近将来时“paulopost-futur”[③]（μετ' ὀλιγον μέλλων），它表示某件事情立刻就要发生，或是把此事看作几乎发生，例如：

ποιήσομαι.

用法语说就是 Je m'en vais faire[④]（我立刻去做），意为：瞧，我这就做。

---

① 这两句英译分别作：“I wrote this morning”；“I wrote tonight”。——校者注

② 相当于英语“I have written this morning”；“I have written tonight”。——校者注

③ 现代也称为“完成体的将来时”（Futur perfectif），与另一种将来时（简单将来时）相对而言。见 R. Mehrlein，F. Richter 和 W. Seelbach 所著《希腊语语法》（*Ars Greaca，Griechische Sprachlehre*），Paderborn：Ferdinand Schöningh，1981 年第 4 版。——校者注

④ 英译：“I will do it instantly.”——校者注

此外，我们还可以表达一件通常将要发生的事情：

je ferai(我将做)

j'aimerai(我将爱)

关于时态问题，以上说的是现在时、过去时和将来时的性质。

但是，有时人们想以一个词来标示每一个时态与其他时态的关系，于是就发明了动词的其他屈折变化，可以称之为意义复合时态[①]。这类时态也有三种。

第一种是与现在相关的过去时态，我们称它为未完过去时(prétérit imparfait)，因为它并不简单地表示一件事已经完成，而是表示与一件业已完成的事情相关的、未完成的状态。因此，如果我用拉丁语说：

Quum intravit coenabam.[②]

用法语说就是 Je soupais lorsqu'il est entré(我正在吃晚饭的时候，他进来了)。从我现在讲话的时间看，"正在吃晚饭"这个行为的确已经过去了，可是就我所说的事情——某人进来——的时间看，我把"吃饭"这个行为看作现在。

第二种意义复合时态称作愈过去时(plus-que-parfait[③])：

coenaveram.

① "意义复合时态"(temps composés dans le sens)，英译 tenses compound in meaning。——校者注

② quum 也可拼作 cum(当……时)。此句英译为"I was supping when he entered"。——校者注

③ 英译 pluperfect，即过去完成时。——校者注

法语是 J'avais soupé[①](我吃过晚餐了)。在这里,我把"吃晚饭"不仅看作已经过去,并把它看作是在过去的另一件事情之前发生的动作。例如说:

J'avais soupé lorsqu'il est entré.[②]

(当他进来的时候,我已经吃完晚饭了。)

"吃饭"的动作在"进来"之前已经结束,并且"进来"这个动作也已结束。

第三种意义复合时态表示与完成相关的将来时,称为将来完成时(le futur parfait[③]),例如:

coenavero.

法语是 J'aurai soupé[④](我将先吃完晚饭)。在此,我不仅表示"吃饭"这个动作将要发生,而且表示这个动作将在另一个将来发生的动作之前发生。例如:

Quand j'aurai soupé,il entrera.[⑤]

(当我将吃完晚饭后,他将进来。)

这句话的意思是"我吃饭"这个动作尚未发生,"他进来"这个动作也没有发生,但在"他进来"的动作发生之前,首先发生"我吃饭"这

---

① 相当于英语"I had supped."——校者注

② 相当于英语"I had supped when he entered."——校者注

③ 英译 future perfect。——校者注

④ 相当于英语"I will have supped."——校者注

⑤ 英译作:"When I will have supped, he will enter."时间从句中的 will 是不必要的,英译者只是为与法语句式对照起见,才这样写。——校者注

个动作。

还可以有第四种意义复合时态,它表示与现在相关的将来时,这是为了让复合将来时和复合过去时在数量上平衡。希腊语的第二将来时本来可能就是表示这个意思,因此它总是具有现在时的特点。但在使用时,它总是与第一将来时相混[①],在拉丁语中用简单将来时替代它:

Quum coenabo intrabis.

法语是 Vous entrerez quand je souperai[②](当我将要吃饭时您进来)。句中的"我吃饭"是将来时,但与"您进来"相比,就表示现在了。

为了表示不同的时态,出现了动词的不同屈折和变化。在这方面,需要指出的是,东方语言只有过去时和将来时,而没有未完过去时、愈过去时等其他时态。因此,在这些语言里会发生在其他语言中不会出现的许多含混现象。

① 第一、第二将来时,即简单将来时和将来完成时。——校者注

② 英译"You will enter when I will sup."时间从句中的 will 是多余的。——校者注

第十七章　论动词的各种式或语气[①]

我们说过，动词是表示思想方式和形式的词，并主要表示断言。我们也提到，断言依据不同的人称和时间而具有不同的屈折词尾。但为了更加清晰地解释思想活动中所发生的一切，人们认为还要再创造一些屈折词尾。因为他们发现，除了简单的断言形式，比如 il aime，il aimait（他爱，他曾爱）之外，还有带条件和修饰成分的断言，例如：

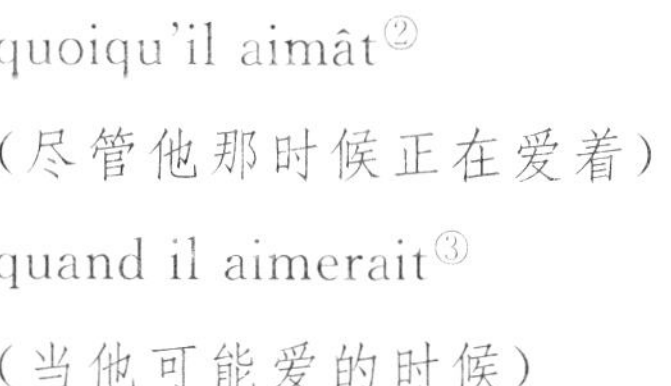

quoiqu'il aimât[②]

（尽管他那时候正在爱着）

quand il aimerait[③]

（当他可能爱的时候）

为了更好地把这种断言与别的断言区别开来，人们便在动词时态中加入双重屈折，一部分用于简单的断言，如 aime，aimait（爱，曾爱），另一部分用于修饰断言，如 aimât，aimerait（那时候正在爱着，可能爱）。但是人们并不严格遵守这些规则，有时会用简单的断言来

① “式，语式”，法语 modes，英译 moods；“语气”，法语 manières，英译 manners。——校者注

② 英译 although he would have loved。——校者注

③ 英译 when he would love。——校者注

表示修饰断言，例如在拉丁语里用 et si vereor 替代 et si verear[①]。语法学家们把后一种屈折变化称为虚拟式(subjonctif)。

另外，除了断言以外，我们的意愿可以被看作我们的一种思想方式，因为人们在表达思想时，同样需要表达愿望。当然我们可以用不同的方式来表达一个愿望，这样的方式主要有三种：

1. 我们可以期望某些独立于我们的事物，这时我们只需要用简单的愿望来表达，比如在拉丁语中用小品词 utinam[②](但愿，要是……该多好)，在我们的法语里用 plût à Dieu[③](但愿)表示。某些语言，例如希腊语，为此而创造了一些特别的屈折形式，语法学家称之为祈愿式[④]。在法语、西班牙语和意大利语中都有与之相关的形式，因为这些语言的时态具有三重形式。但是在拉丁语中，同一些屈折形式既可用于虚拟式，也可用于祈愿式；于是人们从拉丁语的动词变位中删除了祈愿式，因为不仅表意方式可以是多样的，而且不同的屈折词尾也应当表示各种语式。

2. 当我们觉得可以让某件事发生，但又并不愿意让它真的成为事实时，需要使用另外一种语式。例如泰朗斯说过的话：

Prolundat, perdat, pareat. [⑤]

---

① et si vereor，英译 and if I am afraid；et si verear，英译 and if I should be afraid。——校者注

② 英译 would that。——校者注

③ 英译 would to God that。——校者注

④ “祈愿式”(mode optativ，英语 optative mood)，或称“希求式”。希腊语共有陈述、虚拟、祈愿、命令四式。——校者注

⑤ 英译：“Let him expend, let him lose, let him perish.”泰朗斯(Publius Terence 约 190—159 B. C.)，罗马喜剧作家。——校者注

（让他消耗，让他损失，让他死亡。）

人们本应用一种屈折形式表示这样的精神活动，就像希腊语表示愿望的屈折变化一样；但人们没有这样做，而是用虚拟式表示这种精神活动。而在法语里，表达虚拟式是靠加一个小品词 que，例如：

Qu'il dépense.①（让他消耗吧。）

某些语法学家把这种形式称为"可能式"（modus potentialis）或"让步式"（modus concessivus）。

3. 第三种愿望发生在我们所需要的事物属于别人的时候，而我们需要请求这个人把这事物给予我们，这时我们便需要表达请求某人做某事的愿望。这就是我们下命令或者请求的时候所经历的精神活动。为了表达这种行为，就发明了"命令式"（impératif）。但是这种形式里没有第一人称，尤其是第一人称单数，因为不可能自己给自己下达命令。在一些语言中也不存在第三人称命令式，因为严格说来只能向说话的对方下达命令。

命令和请求都表示将来发生的事情，所以命令式和将来时往往可以互换。这在希伯来语中尤其明显，例如用"non occides, vous ne tuerez point"（您不要杀[将来时]）来代替"ne tuez point"②（不要杀[命令式]）。因此有些语法学家把命令式归在将来时里面。

① 英译："Let him expend."Que 相当于英语的 let。——校者注

② 原文提供的就是法文例句，英译分别为："Thou shalt not kill"和"Do not kill"。——校者注

在我们刚刚谈到的各种语式中，东方语言只有最后一种，即命令式。而在通俗语言里，命令式却没有特殊的屈折词尾。但在法语中，我们是用这样一种办法来表示命令式：使用第二人称复数，甚至第一人称复数时，动词前没有主语代词。比如 vous aimez（你们爱），这是一个简单的断言形式，aimez（[你们]爱！）则是命令式；nous aimons（我们爱）是断言形式，而 aimons①（[让我们]爱！）是命令式。单数形式的命令式是很少见的，即使有的话，也不用第二人称 tu aimes（你爱！）的形式，而是用第一人称形式 aime②。

① 英译："Let us love!"——校者注

② 英译："Love!"——校者注。根据现代法语语法，aime 仍为单数第二人称命令式，只是把 aimes 的 s 去掉了。——译者注

第十八章　论不定式

还有一种动词的屈折，它没有数量和人称，人们称之为“不定式”(infinitif)，例如：

	“是”	“爱”
拉丁语	esse	amare
法　语	être	aimer

但应指出，有时不定式也表示断言，例如用拉丁语说：

Scio malum esse fugiendum.①

(我知道应该远离邪恶。)

法语的相应表述是：

Je sais qu'il faut fuir le mal.

但不定式经常会失去这种断言，而成为名词(在希腊语和通俗语言中尤为常见)，例如法语：

le boire(喝的东西，饮料)

① 英译："I know evil has to be shunned."其中的esse(是，存在)是不定式。——校者注

le manger[①]（吃的东西，食物）

依此类推，法语句子 je veux boire 和相应的拉丁语句子 volo bibere 表示“我想要喝的”，其实本意也就是 volo potum 或 potionem（我想要喝）。

既如此，想必有人会问，当不定式不作名词而只是表示断言时，它是什么呢？例如前面引用过的拉丁语句例：

Scio malum esse fugiendum.

（我知道应该远离邪恶。）

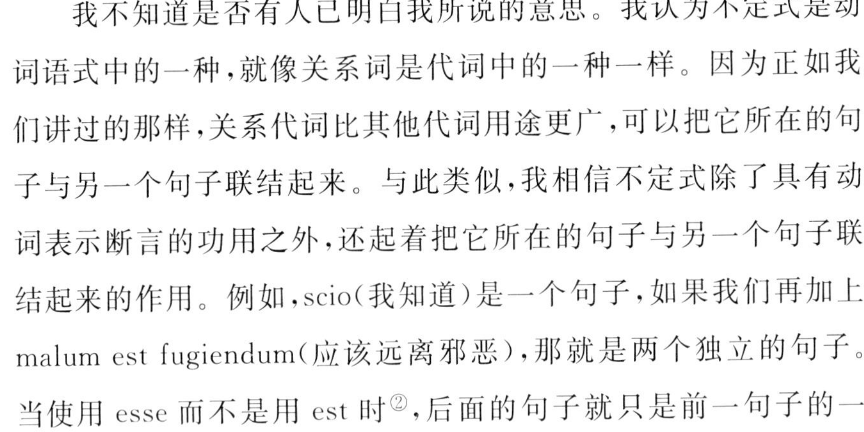

我不知道是否有人已明白我所说的意思。我认为不定式是动词语式中的一种，就像关系词是代词中的一种一样。因为正如我们讲过的那样，关系代词比其他代词用途更广，可以把它所在的句子与另一个句子联结起来。与此类似，我相信不定式除了具有动词表示断言的功用之外，还起着把它所在的句子与另一个句子联结起来的作用。例如，scio（我知道）是一个句子，如果我们再加上 malum est fugiendum（应该远离邪恶），那就是两个独立的句子。当使用 esse 而不是用 est 时[②]，后面的句子就只是前一句子的一个部分，正如我们在第九章“论关系代词”中已详细讲过的那样。[③]

因此，在法语中，我们几乎总是用直陈式和小品词 que 来替代

① boire 和 manger 本是动词不定式，相当于英语的 to drink 和 to eat，前面加上定冠词 le 后成为名词。——校者注

② esse 是不定式，est 是 esse 的单数第三人称、现在时直陈式形式。——校者注

③ 英译在此处有一注，提示读者：在《笛卡尔语言学》（39 页）中，乔姆斯基从转换语法的角度谈到过不定式结构与关系代词的关系。——校者注

不定式：

Je sais que le mal est à fuir. [①]

（我知道应当远离邪恶。）

在同一章中我们也谈到，这个 que 的作用仅仅在于把一个句子与另一个句子联结起来。在拉丁语里这种联结包含在不定式中；在法语里，这样的句式虽然比拉丁语里少，但也可以见到，例如：

Il croit savoir toutes choses. [②]

（他以为自己无所不知。）

这种以不定式或 quod 和 que 联结句子的方式主要用于援引他人的话语。例如我要援引国王对我说的话：

Je vous donnerai une charge. [③]

（我要委任你一个差使。）

在一般情况下，我不会说："Le roi m'a dit，je vous donnerai une charge[④]（国王对我说，我要委任你一个差使）。"用两个单句，一句是我说的，另一句是国王说的。相反，我会用 que 把两个句子联结起来：

① 英译："I know that evil is to be shunned."——校者注

② savoir（知道）是不定式，法语的不定式没有英语那样的标记 to。此句的英译是："He believes that he knows everything."按字面翻译则是："He believes to know everything."——校者注

③ 英译："I will give you a public office."——校者注

④ 英译："The king said to me，'I will give you a public office.'"——校者注

Le roi m'a dit qu'il me donnera une charge.[①]

(国王对我说要委任我一个差使。)

既然这是一句只跟我有关的话，我就把第一人称 je donnerai(我要委任)变成了 il donnera(他要委任)，并且把国王对我说话时使用的 vous(您)换成了我称呼自己的 me(我)。

当引语为疑问句时，在法语中使用 si(是否)，在拉丁语中使用 an(是否)来联结句子。例如当别人问我：

Pouvez-vous faire cela?[②]

(您能做这个吗?)

我就用转述的方法说：

On m'a demandé si je pouvais faire cela.[③]

(别人问我是否我能够做这个。)

有时不需使用小品词，只需换一换人称：

Il m'a demandé：qui êtes-vous?

(他问我：您是谁?)

Il m'a demandé qui j'étais.[④]

(他问我是谁。)

但是应当指出，希伯来人即使在说另一种语言的时候(例如像

---

① 英译："The king said to me that he will give me a public office."——校者注

② 英译："Can you do that?"——校者注

③ 英译："I was asked if I could do that."——校者注

④ 英译："He asked me：'Who are you?'""He asked me who I was."——校者注

福音传教士那样)，也很少使用这样一种句子联结方式。他们几乎总是使用直接引语，因此，虽然他们有时也使用 ὅτι，quòd[①] 之类的词，这些词却常常没有什么作用，并不联结句子。仅举《圣约翰》第一章中的一个句子为例：

Miserunt Judoei ab Hierosolymis sacerdotes et Levitas ad Joannem ut interrogarent eum：Tu quis es? Et confessus est et non negavit，et confessus est：Quia (ὅτι) non sum ego Christus. Et interrogaverunt eum：Quid ergo? Elias es tu? Et dixit：Non sum. Propheta es tu? Et respondit，non. [②]

按照我们法语通常的习惯，应当间接地转述这些提问和回答：

Ils envoyèrent demander à Jean qui il était. Et il confessa qu'il n'était point le Christ. Et ils lui demandèrent qui il était donc：s'il était Elie. Et il dit que non. S'il était Prophète，et il répondit que non. [③]

(他们派人问约翰他是谁。他承认他不是基督。他们问他到底是谁，是不是以利亚。他说不是。问他是不是先知，他

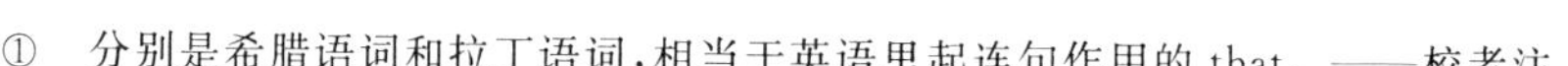

① 分别是希腊语词和拉丁语词，相当于英语里起连句作用的 that。——校者注

② 见《约翰福音书》第一章，19－21 节。英译为："The Jews sent priests and Levites from Jerusalem to ask him，who art thou? And he confessed，and denied not，but confessed，I am not the Christ. And they asked him，what then? Art thou Elias? And he said，I am not. Art thou that prophet? And he answered，No."——校者注

③ 英译为："They sent to ask John who he was. And he confessed that he was not Christ. And they asked him who he was then，if he was Elias，and he said that he was not；if he was a prophet，and he answered that he was not."——校者注

回答不是。)

这种造句习惯甚至被世俗的作家接受,他们似乎也是从希伯来人那里借用了这种方法。其结果便是像我们在第九章谈到的那样,ὅτι常常只是一个不具连接作用的代词,甚至在间接引语的句子里也是如此。

第十九章　论可被称为形容词的动词及其不同种类：主动动词、被动动词、中性动词

我们说过，当人们在难以尽数的场合把某种表语（attribut）和断言结合在一起的时候，便造就了与形容名词相对应的各种各样的动词。这样的动词在各种语言里都有，我们可以把它们称为形容词，因为这些词本有的意义被加到了一切动词共有的意义即断言意义之上。通常人们以为，所有的动词都可以表示动作（actions）或情感（passions），这显然是错误的，因为一个动词可以把任何东西当作它的表语，只要我们愿意，就可以把这个表语跟断言联结起来。我们甚至看到，拉丁语的实体动词（le verbe substantif）sum（我是/我在）经常是形容词，因为在使用这个动词的时候并不是简单地把它看作断言，而往往是与一个意义最普遍的表语连接在一起，即“存在”（l'être[①]）。例如当我这样说的时候：

Je pense，donc je suis.[②]

（我思，故我在。）

---

① 相当于英语的 being。——校者注

② 这是笛卡尔的话，英译“I think therefore I am.”——校者注

Je suis(我是/我在)的意思是 sum ens[①],即“我是一个存在,一个事物”;至于 existo,意思也就是 sum existens[②](我是/我在)。

然而,这并不影响我们像通常所做的那样,把动词区分为主动、被动和中性。

主动动词表示不同于情感的动作,例如:

battre,être battu(打,被打)

aimer,être aimé(爱,被爱)

这些动作可以止于一个主体[③],这时称为真实动作(action réelle),例如:

battre(打)

rompre(中断)

tuer(杀)

noircir(弄黑)

也可以止于一个客体[④],这时称为意向动作(action intention-

---

① ens,名词,意为“存在、有”,“生物、事物”,“本质”。——校者注

② 相当于英语“I am, I exist”。——校者注

③ 原文为“ces actions *se terminent* á un sujet”,英译“these actions *are directed towards* a subject”。——校者注

④ 这里说的“主体”和“客体”,关键的界限在于所施予的动作是否改变了对象:“打、杀、中断、弄黑”等动作使对象发生了变化;被打、被杀的人当然是动作所及的客体,但也可说是受到动作影响的主体(有意思的是,以英语为例,subject 这个词既表示“主体、主观、主语”,又有“从属、易受影响”等义。所以可以说“the subject of a beating, of a killing”等等)。至于“爱、知道、看见”等词所表示的动作,只是及于对象,而未使其发生变化(所以可说“the object of love, of knowledge, of vision”等等)。英译在这一段加有几处详注,提到奥卡姆(William of Occam)、笛卡尔、胡塞尔、维特根斯坦等哲学家的有关见解。——校者注

nelle)，例如：

aimer(爱)

connaître(知道)

voir(看见)

因此，在一些语言里，为了表示动作和情感，人们就让同一个词具有不同的屈折形式；当一个动词用屈折形式来表示动作的时候，叫作主动态，而当一个动词用屈折形式来表示情感的时候，就叫作被动态，例如拉丁语：

amo(“我爱”，主动)　　amor (“我被爱”，被动)

verbero (“我打”，主动)　　verberor (“我被打”，被动)

在所有的古老语言里都有这种现象，如拉丁语、希腊语和东方诸语言。另外，在东方语言中，同一个动词甚至具有三种主动态，而每个主动态又各自具有自身的被动态以及像是出自主动态、被动态的自反态，假如用法语来表达的话就是 s'aimer(爱自己，互相爱)，表示动作作用于同一动词的主语。但是欧洲的通俗语言里并没有被动动词，它们使用主动动词的分词和实体动词“是”来表示被动，例如：

je suis aimé(我[是]被爱)

je suis battu(我[是]被打)

这就是主动动词和被动动词的概况。

某些语法学家称之为不及物动词(verba intransitiva)的中性动词也不例外，它们分为两类：

一类不表示动作，而表示品质，例如拉丁语：

albert(法语 il est blanc,它是白色的)
viret(法语 il est vert,它是绿色的)
friget(法语 il est froid,它冷)
alget(法语 il est transi,它冻僵了)
tepei(法语 il est tiède,它是温的)
calet(法语 il est chaud,它是热的)①

或者表示状态:

sedet(法语 il est assis,他坐着)
stat(法语 il est debout,他站着)
jacet(法语 il est couché,他躺着)②

或者与地点的某种关系:

adest(法语 il est présent,他到了)
abest(法语 il est absent,他缺席)③

以及其他一些状态或性质:

quiescit(法语 il est en repos,他休息)
excellit(法语 il excelle,他出类拔萃)
proecst(法语 il est supérieur,他很优秀)
regnat(法语 il est roi,他是国王)④

---

① 英译分别为:it is white; it is green; it is cold; it is cool; it is tepid; it is hot. 注意法语里的代词 il 既指“它”,也指“他”。——校者注

② 英译分别为:he is seated; he is standing; he is lying down。——校者注

③ 英译分别为:he is present; he is absent。——校者注

④ 英译分别为:he is at rest; he excels; he is superior; he is king。——校者注

另一类中性动词表示动作，但这些动作不涉及动作者以外的另一主体，或者说，这些动作与其他宾语无关，例如：

dîner（吃午饭）

souper[①]（吃晚饭）

marcher（行走）

parler（说话）

然而，这种中性动词有时会变为及物动词，例如当给予它们一个对象（sujet[②]）的时候：

ambulare viam[③]（走路）

这里，“路”是动作“走”的对象。在希腊语里，人们常常把由这些动词构成的名词作为这些中性动词的对象，有时在拉丁语里也是如此，例如：

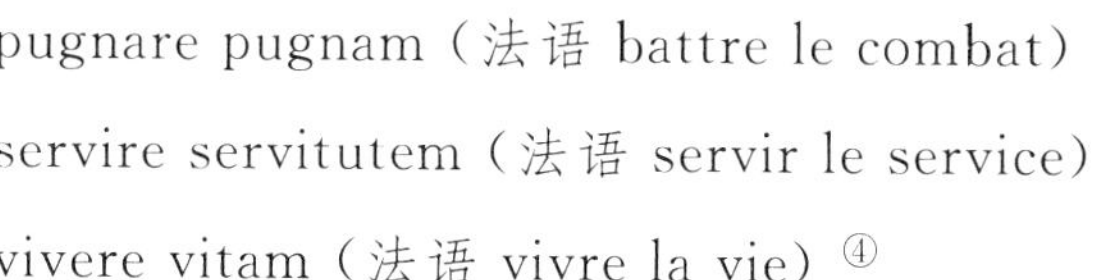

pugnare pugnam（法语 battre le combat）

servire servitutem（法语 servir le service）

vivere vitam（法语 vivre la vie）[④]

但是我认为，最后这几种说话方式产生的原因是说话人想表

① Dîner、souper 今多指“晚餐”、“夜宵”。——校者注

② 这里及以下说的“对象”（英语 subject），跟前面一样，也是指一个真实行为的经受者，即一个表示真实行为的动词所支配的直接宾语。例如下例中的“路”。而“客体”（object）则是指意想动词的直接宾语。——校者注

③ 拉丁语，无法文译释，英译为 to walk a road。Viam（“道路”，宾格形式）的主格形式是 via。——校者注

④ 英译分别为：to fight a fight（打一仗），to serve a servitude（服劳役），to live a life（生活，过日子）。即所谓“同源宾语”（cognate object）。——校者注

达某种特别的意思，即动词中并未完全包含的意思。例如，若想说某人过着幸福的生活，就不能只用 vivere（活，生活）这个动词，而要说 vivere vitam beatam①，也可以说 servire duram servitutem②。因此当我们说 vivere vitam（过一种生活）的时候，这可能是源于上述说话方式的赘言冗语（pléonasme）。这也是为什么几乎在所有的现代语言中都避免名词与相应的动词联用，并视之为一种错误，例如不说：combattre un grand combat（打一场大仗）。

这样我们就可以来解答下述问题：是否所有不具被动意义的动词总是支配一个宾格，至少是暗示的宾格。这是某些很精明的语法学家的观点。但我不这样认为，因为有些动词并不表示动作，而是表示状态，如 quiescit（平静）、existit（存在），或表示性质，如 albet（变白）、calet（热），它们不支配任何宾格。而对于其他动词，则应当考虑它们所表示的动作是否带有与动作者不同的对象或客体；如果带有这样的对象或客体，动词所支配的便是宾格。但如果动词所表示的动作既不带与支配词不同的对象也不带客体，例如 dîner（法语，“吃午饭”），prandere（拉丁语，吃［早］午饭），souper（法语，“吃晚饭”），coenare（拉丁语，“吃晚饭”）等等，那么，即使上述语法学家认为其中暗示了一个动词不定式的存在（即由该动词构成的名词形式），也不能说这些动词支配着宾格，例如 curro（我跑）既不等于 curro cursum，也不等于 curro currere③。上述语

① 英译为 to live a happy life（过［一种］幸福的生活）。——校者注

② 英译为 to serve a hard servitude（服苦役）。——校者注

③ curro cursum（我跑了一跑），英译为 I run a running；curro currere（我跑了一跑），英译为 I run a run。第一句中的 cursum 是名词 cursus（奔跑）的宾格形式；第二句中的 currere（跑）是不定式。——校者注

法学家的说法没有什么道理，因为不定式作为一个名词所具的含义在动词本身里面都有了，而且动词还包括断言、人称、时态。这就像形容词 candidus（白色的）一样，它表示从形容词中抽象出来的实体，即 candor（白色）；此外它还表示一个具有白色特征的物体的内涵意义。因此就完全有理由认为，当我们说 homo candidus（一个光明磊落的人，字面义为“白色的人”）的时候，暗示了 candore[①]（带有白色）；而当我们说 currit（他跑）的时候，暗示了 currere（跑）。

① candor（白色）的夺格形式，相当于英语 with whiteness。——校者注

第二十章　论无人称动词

我们在上一章谈到的不定式，严格说来应当称作无人称动词(verbe impersonnel)，因为它表示断言，这是动词固有的特性；而且，这类动词并不明确地标示人称和数量，这正是"无人称"动词的本义。

然而，语法学家通常把这个"无人称动词"的称谓赋予某些人称不全的动词，它们几乎只有第三人称。

这些动词分为两类：第一类具有中性动词的形式，例如：

poenitet([某人]难过)

pudet([某人]羞愧)

piget([某人]恼怒)

licet(被允许)

lubet[①]([某人]高兴)

第二类是由被动动词构成的，并具有被动动词的形式，例如：

statur(被站立)

① 英译为：[one] is sorry, [one] is ashamed, [one] is annoyed, it is permitted, [one] is pleased；按字面理解，前三例和最后一例则相当于英语的 it repents [one], it shames [one], it annoys [one], it pleases [one]。——校者注

currutur(被跑)

amatur(被爱)

vivitur[①](被生活)

然而,这些动词有时具有比语法学家所能想到的更多的人称,《拉丁语入门新法》第五章关于动词的论述中即有这样的例证。但是在这里要看到一个几乎被人们忽视的问题,即,我们之所以称这类动词为"无人称",似乎仅仅是由于这类动词的含义中只有一个适应于第三人称的主语;这个主语没有必要予以表达,因为它已由动词本身标示了出来,也就是说,断言和述语包含在一个词即主语里面,例如:

Pudet me(我感到羞愧),本义即 pudor tenet(这使我羞愧),或 est tenens me[②]

poenitet me[③](我很难过)

poena habet me[④](我感到有罪)

libet mihi[⑤](我很满意)

libido est mihi[⑥](我有一个愿望)

应当看到,在这里动词 est(是)不只是实词,而且它也表示存在,因

① 英译 it is stationed, it is run, it is loved, it is lived。——校者注

② Pudet me,英译 I am ashamed,字面义为 it shames me;pudor tenet,英译 shame holds me;est tenens me,英译 shame is holding me。——校者注

③ 英译 I am sorry,字面义是 it repents me。——校者注

④ 英译 penalty holds me。——校者注

⑤ 英译 I am pleased,字面义为 it pleases me。——校者注

⑥ 英译 I have a desire,字面义为 a desire is to me。——校者注

为说 libido est mihi，就像是说 libido existit mihi 或 est existens mihi 一样①。用 est 可以解释的其他无人称动词也同样，例如：

licet mihi（我被允许），实际上是 licitum est mihi 的意思②；

oportet orare（应该祈祷），意思是 opus est orare③。

对于被动意义的无人称动词 statur，curritur，vivitur 等，可以用动词 est，fit 或 existit 来解释④，也可用动名词本身来解释，例如：

statur（被站立），意思就是 statio fit，或 est facta⑤，或 existit；

curritur（被跑），意思就是 cursus fit⑥；

concurritur（被一起跑），意思就是 concursus fit⑦；

vivitur（被生活），意思就是 vita est，或者 vita agitur⑧，如以下拉丁语的句例：

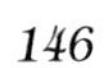

① 英译分别为：the desire exists for me; is existing for me。——校者注

② 英译分别为：I am permitted（字面义为 it is permitted to me）; it is allowable to me。——校者注

③ 英译分别为：[one] ought to pray（字面义为 it behooves [one] to pray）; there is a need to pray。——校者注

④ Fit，相当于英语 it happens；existit，相当于英语 it exists。——校者注

⑤ Statur，相当于英语 it is stationed；statio fit，字面义为"站立在发生"（standing happens）；est facta，相当于英语 is done。——校者注

⑥ Curritur，相当于英语 it is run；cursus fit，字面义为"奔跑在发生"（running happens）。——校者注

⑦ Concurritur，相当于英语 it is run together; concursus fit，字面义为"一同奔跑在发生"（a running together happens）。——校者注

⑧ Vivitur，相当于英语 it is lived；vita est，英译 there is life；vita agitur，英译 life is carried on。——校者注

Si sic vivitur, si vita est talis[①]

用法语说就是：

si la vie est telle(如果生活是这样)

再如：

Miserē vivitur, quum medicē vivitur.[②]

用法语说就是：

La vie est misérable, lorsqu'elle est trop assujettie aux régles de la médecine.(当生活太屈从于医学的规定时，是很悲惨的。)

由于句子里加入了 miserē[③] 作为述语，est(是)就变成了实词。

Dum servitur libidini，意思就是 dum servitus exhibetur libidini[④]。用法语说就是：

Lorsqu'on se rend esclave de ses passions.(当人们把自己变成情感的奴隶时。)

因此似乎可以得出这样的结论：我们的法语严格说来没有无人称动词，因为当我们说 il faut(应该)，il est permis(允许)，il me

① 英译分别为：if it is lived thus; if life is such。——校者注

② 英译为：Life is miserable when it is excessively subjected to the rules of medicine;按字面译则是：It is lived miserably when it is lived medically。——校者注

③ miserē(悲惨地、不幸地)是副词。——校者注

④ 英译分别为：while one is enslaved to passions; while one is made a slave of his passions。——校者注

plaît(使我高兴)的时候，这里的 il(它)是一个关系词，总是作动词的主格形式，而动词通常出现在它的后面。例如：

Il me plaît de faire cela. [①]

(我很高兴做这个。)

其中，il... de faire... 的意思就是 l'action ou le mouvement de faire cela me plait(做此事的行动或活动令我高兴)，或者 est mon plaisir[②](是[让]我高兴的)。因此我觉得，这个只有很少人明白的 il 只是代词的一种，相当于拉丁语的 id(这个)，替代句子里隐含于意义中的主格：意大利语的相应形式是冠词 il，在我们法语里写作 le(定冠词)，而拉丁语则把它变成了代词 ille(那个)；由此又有法语的第三人称代词 il(他，它)，例如：

il aime(他喜欢)

il parle(他说话)

il court(他跑)

至于被动无人称动词，如 amatur(被爱)，curritur(被跑)，法语的表达方式是 on aime(人们爱)，on court(人们跑)。我们可以肯定，法语的表达方法虽然使用不确定人称，但是这些动词并不是完全无人称的，正如沃热拉先生所指出的那样，on 就是指 homme[③](人)，因此它在句子里是主格。对此，可以参看《拉丁语入门

---

① 英译为：It pleases me to do that。——校者注

② 英译：the action [or] the movement of doing that pleases me [or] is my pleasure。——校者注

③ 相当于英语的 man。——校者注

新法》第五章关于无人称动词的论述。

还需要指出，表示自然结果的动词，例如拉丁语的 pluit（下雨），ningit（下雪），grandinat（下冰雹），在其他语言里也可以用同样的原则来解释。例如出于简练的目的，pluit 这个词实际上包含着主语、断言和述语，因此不必说 pluvia fit（雨在发生）或 cadit（落，掉下）。在法语里，当我们说 il pleut（下雨），il neige（下雪），il grêle（下冰雹）时，il 在句子里作 pluie，neige，grêle[①] 等的主格，包含着实体动词 est（是）或 fait（做），就好像是在说：

il pluie est[②]

il neige se fait[③]

用拉丁语说则是：

quod dicitur pluvia, est.[④]

quod vocatur nix, fit.[⑤]

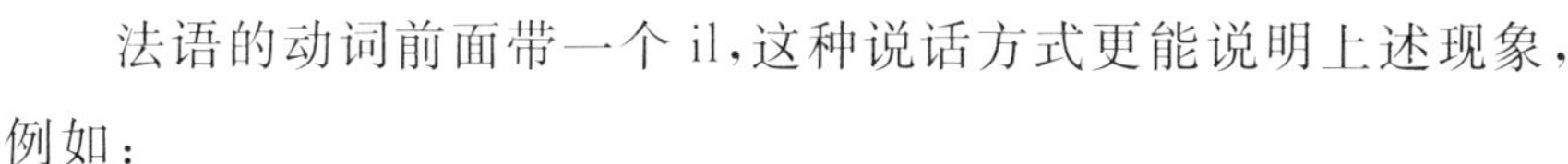

法语的动词前面带一个 il，这种说话方式更能说明上述现象，例如：

il fait chaud（天热）

il est tard（天色晚了）

il est six heures（[现在]六点钟）

① 这里的 pluie，neige，grêle 是名词。——校者注

② 逐词照译即"它－雨－是"。——校者注

③ 逐词照译即"它－雪－[自己]做"。——校者注

④ 英译为：it which is called rain，is. ——校者注

⑤ 英译为：it which is called snow，happens. ——校者注

il est jour[①]（天亮了）

这是因为在意大利语中可以说 il caldo fà，而在实际运用中经常只需说 fà caldo[②]；在拉丁语里则说 oestus est 或 calor est[③]，也可以用 fit[④]（成为）或者 existit（存在）代替 est。因此，法语的 il fait chaud（天热）也就是 il chaud（相当于意大利语的 il caldo），或者 le chaud se fait[⑤]；也可以说 il se fait tard（天已晚），意大利语是 si fà tarde[⑥]，即 il tarde (le tard ou le soir) se fait[⑦]。在有些省份还可以说 il s'en va tard[⑧]，即 il tarde[⑨]；或说 le tard s'en va venir，即 la nuit approche（天就要黑了）。依次类推，il est jour（天亮了）等于说 il jour (或 le jour) est[⑩]；Il est six heures（[现在]六点钟），等于说 il temps，six heures，est，或 le temps，la partie du jour appelée six heurs，est[⑪]，等等。

① 英译分别为：it is hot；it is late；it is six o'clock；it is day.——校者注

② 字面义为“热一做”。前引法语句子 il fait chaud（天热），字面义是“它一做一热”，用的也是行为动词“做”（faire）。——校者注

③ 相当于英语 it is hot，oestus（炎热）＝ aestus。——校者注

④ Fierī（成为，发生）的单数第三称、直陈式现在时形式；fierī 实际上是动词 faciō（制造，做，干）的被动式，本义是“被做，[被促]成为事实（factus sum）”。法语里表示“天热”等时使用本义为“做”的 faire，其用法正是由此来的。——校者注

⑤ 字面义的英译为 the heat is made，其中 se fait 是 faire 的自反形式。——校者注

⑥ 英译 it grows late。——校者注

⑦ 字面义的英译为 the late afternoon or evening is made。——校者注

⑧ 字面义的英译为 it is going late。——校者注

⑨ 相当于英语 it latens。——校者注

⑩ 字面义的英译为 it day (or the day) is。——校者注

⑪ 字面义的英译分别为：it time six o'clock is；the time or the part of the day called six o'clock，is。——校者注

第二十一章　论动词的分词

动词的分词是真正的形容名词(noms adjectifs)①。如果不是因为它们与动词相关,就不会在这里谈及它们。

我们曾经说过,这种关系表现在它们具有与动词相同的意义,但是不表示断言,也没有与断言相关联的三个不同人称。因此,人们在使用分词的时候,表示的是跟使用动词时同样的意义,例如amatus sum②(我被爱)与amor(我被爱)表示同样的意义,而sum amans(我在爱)与amo③(我爱)表示同样的意义。这种使用分词的表达方式在希腊语和希伯来语里比在拉丁语里更为常见,尽管西塞罗有时也使用这种表达方式。

因此,分词保留了动词的表语意义和时态,而时态又有现在和

① 关于"形容名词"这个概念,请参见本书第31页注③。——译者注

② 英译也都作I am loved,实际上两种形式是有区别的:amor是拉丁语动词amāre(爱)的直陈式现在时被动态,相当于I am loved;amatus sum则是amāre的现在完成时被动态,相当于I have been loved,其中的amatus是过去分词形式。再比较拉丁语动词laudāre(赞扬)的直陈式变位:现在时的主动态为laudo(我赞扬),被动态为laudor(我被赞扬);现在完成时的主动态为laudāvi(我已赞扬),被动态是laudātus sum(我已被赞扬)。——校者注

③ Amo是amāre(爱)的直陈式现在时主动态,sum amans即"[我]是"加amāre的现在分词amans,相当于英语的I am loving。当然,amo(我爱,英语I love)也可以理解为"我正在爱",所以作者说两种形式的意义是一样的。——校者注

过去之别，即现在分词和过去分词；此外还有将来分词，主要见于希腊语。但是上述分词时态有时名不副实，因为同一个分词常常与许多时态有关，例如大多数语法学家以为表示过去时的被动分词 amatus（相当于法语的 aimé）经常用于现在时和将来时，例如，amatus sum（我被爱），amatus ero[①]（我将被爱）。相反，现在分词如 amans（相当于法语的 aimant）常常表示过去：

> Apri inter se dimicant，indurantes attritu arborum costas.
>
> （野猪一边在树上蹭着角，一边打着架。）

在普利耐[②]的这句话里，事情已经发生，却使用了现在分词。请参看《拉丁语入门新法》中关于分词的说明。

分词可分为主动分词和被动分词，拉丁语的主动分词以 ans 和 ens 结尾：

> amans＝法语 aimant，爱着的
>
> docens[③]＝法语 instruisant，进行教育的

被动分词则以 us 结尾：

> amatus＝ aimé，被爱的
>
> doctus＝instruit，被教育的

---

① 英译 I will have been loved；ero 是助动词 esse（是）的直陈式第一将来时（即简单将来时）形式，这里用于构成第二将来时（即将来完成时）的被动态。——校者注

② 普利耐（Pliny，23－79 A. D.，拉丁文名 Gaius Plinius Secundus），罗马自然主义作家。这里引用的句子出自其著作《自然史》。——校者注

③ 不定式为 docēre（教，教授）。——校者注

但是后者中也有一些表示主动，即词形是被动式，而词义却是主动的，如 locutus（相当于法语的 localisé‘定位，局部化’）。还有一些属被动意义，表示‘应当是’、‘应当如此’，是以-dus 结尾的分词，例如 amandus(应当被爱)。但这种意义有时完全丧失了。

主动动词的分词跟动词一样，也表示动作、行为；而动名词(noms verbaux)虽然也表示动作，但更强调动作的习惯，而不是动作行为本身。因此，分词与动词同属一个体系，例如 amans Deum（爱上帝[的]）；而动名词只属名词体系，amator Dei（尊爱的上帝）。当分词强调习惯而不是动作的时候，它应属于名词体系，因为它具有单纯的动名词的特性，例如 amans virtutis（爱才华[的]）。

第二十二章　论副动词和动名词

我们刚刚说过，如果除去动词的断言意义，即可构成具有形容名词(noms adjectifs)性质的主动分词和被动分词，这种分词属于动词体系，至少主动分词是这样。

但是拉丁语的分词实际上分为两类实体词(noms substantifs)。一类以-dum 结尾，称作副动词(gérondif[①])，有不同的格，即-dum，-di，-do，例如：

amandum

amandi

amando[②]

但是它只有一个性和数，与以-dus 结尾的分词不同：

---

① 英语里称 gerund(动名词)。但英语的动名词和现在分词的形式是一样的，都是添加-ing，而拉丁语的副动词与现在分词则是两种不同的屈折形式。有一本现代的拉丁语语法书这样解释副动词的概念："副动词是一种主动的动名词，用于只有主动态和现在式的不定式所缺乏的各种间接格。"见 Leo Stock 编《简明拉丁语语法》(*Kurzgrammatik Latein*. Berlin/München：Langenscheidts. 1992. 17Auf.)63 页。——校者注

② 其不定式为 amāre(爱)。严格地说，副动词的构造方式是动词词根加上中缀-nd-，再加上词尾-i(生格)，-o(与格，夺格)，-um(宾格)：ama-nd-i，"(属于)爱的"；ama-nd-o，"对于爱"，"通过爱"；ama-nd-um，"被爱的"。——校者注

amandus

amanda

amandum[①]

另一类以-um结尾，称为“动名词”(supin[②])，也有两个格，即-um和-u[③]：

amatum

amatu

也没有性和数的变化，与-us结尾的分词不同：

amatus

amata

amatum

语法学家们在解释副动词的时候非常尴尬，但是，其中不乏明智者，他们认为这是一种被动意义的形容词，所含的实体词就是动词的不定式。因此他们甚至认为，既然 tempus est legendi libros 或 librorum 都可以说，都表示“是看书的时候了[④]”，似乎等于是说：tempus est legendi του legere libros 或 librorum[⑤]，于是就有两

① 严格说，是在中缀-nd-的后面加上词尾-us,-a,-um。——校者注

② 拉丁语 supinum，也称“目的分词”。格变不全，只有宾格和与格。——校者注

③ 分别为宾格和与格：amatum(为了爱)，amatu(为了爱)。与格实际上只跟少数形容词连用，如 dificile dictu，“很难说”。——校者注

④ 英译为：It is time for reading books。——校者注

⑤ 英译为：It is time for the reading of books being read。此句的拉丁文中，希腊文 του 系原文就有。——校者注

个陈述，一个是 tempus legendi του legere[①]，属于形容词和名词，犹如包含着 legendoe lectionis[②]；另一个是 legere libros[③]，属于动名词，所以支配着其动词的格，或者说它作为实体名词支配着生格，例如在用 librorum 替代 libros 的时候[④]。但是，在全面考虑之后，我并不认为这样的解释是必要的，因为，

1）正如上述语法学家把 legere（读）视为实体动名词，需要并且可以支配生格，甚或也可以支配宾格，例如古人说：

> Curatio hanc rem[⑤]：Quid tibi hanc tactio est？[⑥]
>
> （注意这些事情，你有什么感觉？[⑦]）
>
> ——普劳图

我认为 legendum 与 legere 一样，也是一个实体动名词，因此具有 legere 的所有功能[⑧]。

2）在一个词的暗含意义没有得到表达的时候，我们没有任何根据说这个词具有暗含意义，更不能说其暗含意义的表达是否显得荒谬无理。鉴于我们从来也没有见到过动词不定式与副动词联

---

① 英译 time for the reading of books being read。——校者注

② 英译 of reading being read。——校者注

③ 英译 the reading of books。——校者注

④ libros 是宾格；librorum 是生格，相当于英语 of books。——校者注

⑤ 英译 concerning over this matter，为宾格形式。——校者注

⑥ 字面义的英译为 why the touching her on your part，其中的 her（hanc）是宾格。——校者注

⑦ 普劳图（Titus Maccius Plautus 254？—184 B. C.），罗马戏剧作家。——校者注

⑧ Legere 实为“不定式”，legendum 为其“副动词”（或称“动名词”）形式。前面说过，副动词是由动词词根加上中缀-nd-，再加词尾-um 构成的。——校者注

结，所以如果说出 legendum est legere[①] 这样的句子，会显得荒谬无理。

3）如果副动词 legendum 是被动形容词，那么它与分词 legendus 就没有区别。可是为什么深谙自己语言的古人又要把副动词与分词区别开来？

因此我认为，副动词是一种实体名词，总是表示主动意义，它与被看作名词的动词不定式的区别仅仅在于它在所表示的动作这个意义中加入了另一个意义，即必然或义务的意义，表示动作应当发生。如此说来，人们使用“副动词”（gérondif）这一词的用意，便在于表示“做”（gerere）的意义[②]。由此，pugnandum est（应该战斗）与 pugnare oportet 意义相同[③]。而在我们的法语中没有这种副动词，只能把一个动词不定式和一个表示“应该”（devoir）的词联结使用：

il faut combattre（应该战斗）

但是，由于词不能永远保持其初始的功能，所以以-dum 结尾的副动词往往失掉了“应当”（oportet）的功能，而仅仅保持表示动作的功能，例如：

Quis talia fando temperet ā lachrymis? [④]

① 英译 reading [literally, to read] must be read。——校者注

② Gérondif（拉丁语 gerundium）与 gerere 确系同源词。——校者注

③ 英译分别为：one must fight; it is necessary to fight。——校者注

④ 英译：Who in saying such things would restrain himself from tears? ——校者注

（在谈及此事时，谁能止住泪呢？）

这里的意思就是 in fando 或 in fari talia[①]。

对于动名词，我与上述语法学家持相同的观点：它是一种表示被动意义的实体名词，而副动词则总是表示主动意义。对此可参看《拉丁语入门新法》。

① In fando，相当于英语 in saying；in fari talia，字面义的英译为 in to say such things。——校者注

第二十三章　论通俗语言中的助动词

在结束关于动词的论述之前，还应当说明一个存在于欧洲通俗语言中的共同问题，这个问题值得在普遍语法中加以说明；我也很高兴以法语语法为例谈一谈这个问题。

这就是被称为‘助动词’(verbes auxiliaires)的某些动词的用法，我们称它们为助动词，因为它们协助另一些动词，与动词的过去分词一起构成不同的时态。

所有的语言都有两个助动词，即 être(是)和 avoir(有)。某些语言还有其他的助动词，例如德语中的 werden(成为)或 wollen(愿意、想)，其现在时与动词的不定式一起构成将来时[①]。但是在这里只讲主要的两个助动词：être 和 avoir。

être

我们已经讲过，动词 être 与所有主动动词的分词构成被动态，例如：

① 例如，Ich werde lieben(我将爱)；Ich will lieben(我愿爱)。但作者未把话说全，比如 werden 加过去分词可表示被动意义，如 Ich werde geliebt(我被爱)，等等。——校者注

je suis aimé（我被爱戴着）

j'étais aimé[①]（我曾经被爱戴着）

理由很简单，因为所有的动词（除去实体动词）都与它所包含的表语一起构成断言。因此，拉丁语的被动动词 amor 表示对被动爱的断言，而法语的过去分词 aimé 也表示被爱；显然，如果在 aimé（被爱）前面加上表示断言的实体动词，如 je suis aimé（我被爱），vous êtes aimé（您被爱），这两句话与拉丁语的 amor 和 amaris 意义是相同的。拉丁人甚至把 sum（我是）用作所有被动过去时的助动词，也把 sum 用作所有与被动过去时相关的时态的助动词，例如：

amatus sum

amatus eram[②]

等等。希腊语中的大部分动词也同样。

但是 être 这个动词还常常以不规则的方式充当助动词，这一点我们将在解释完动词以后再讨论。

avoir

另一个助动词 avoir 有些怪异，很难给予理性的解释。

我们讲过，在通俗语言中所有的动词都有两类过去时，一类是

① 分别为现在时和简单过去时，相当于英语的 I am loved 和 I was loved。——校者注

② 分别为现在完成时和过去完成时，英译 I have been loved，I had been loved。——校者注

不定过去时(aoriste),另一类是确定过去时。不定过去时像其他时态一样变化:

j'aimai(我曾经爱)

je sentis(我曾经感到)

je vis(我曾经看到)

而确定过去时则由动词 avoir 加上过去分词 aimé,senti,vu 构成:

j'ai aimé(我爱了)

j'ai senti(我感觉到了)

j'ai vu(我看见了)

不仅上述过去时用于法语,而且拉丁语里所有独立词尾变化的时态也都用过去分词构成,例如:

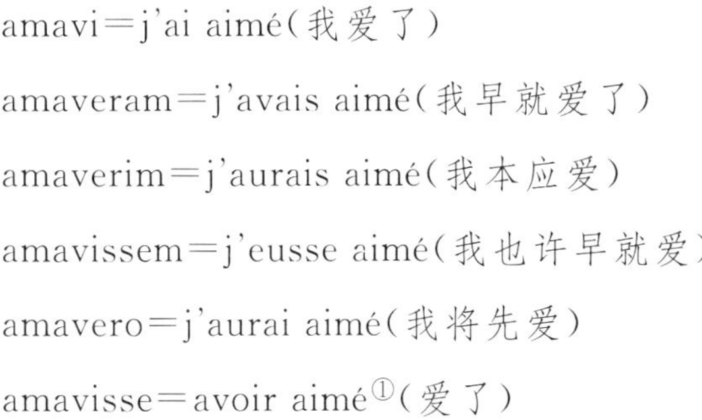

amavi=j'ai aimé(我爱了)

amaveram=j'avais aimé(我早就爱了)

amaverim=j'aurais aimé(我本应爱)

amavissem=j'eusse aimé(我也许早就爱)

amavero=j'aurai aimé(我将先爱)

amavisse=avoir aimé[1](爱了)

动词 avoir 本身也有各种时态,由它自身作为助动词和它的过去分词 eu 构成:

---

① 英译依次为:I have loved; I had loved; I would have loved; [if] I had loved; I will have loved; to have loved。——校者注

j'ai eu(我有了)

j'avais eu(我早就有)

j'eusse eu(我也许早就有)

j'aurais eu①(我本应有)

但是过去时 j'avais eu 和将来时 j'aurai eu 都不能作其他动词的助动词,例如我们可以说:

sitôt que j'ai eu dîné②

(我一吃完晚饭)

quand j'eusse eu③,或 j'aurais eu dîné

(如果我已吃完晚饭)

但是不能说:

j'avais eu dîné

j'aurai eu dîné④

而只能说:

j'avais dîné(我早就吃完晚饭)

j'aurai dîné (我将吃完晚饭)

动词 être 也跟 avoir 一样,用 avoir 的各种时态和其自身的过

---

① 相当于英语的 I have had; I had had; [if] I had had(虚拟态); I would have had。——校者注

② 英译 as soon as I had dined。——校者注

③ 英译 when I would have dined。——校者注

④ 这是不合语法的句子,逐词的英译为 I had had dined, I will have had dined。——校者注

去分词 été 构成不同时态，例如：

j'ai été（我曾经是）

j'avais été[①]（我早就是）

在这一点上法语和其他语言不同，比如德语、意大利语和西班牙语用动词 être 本身作 être 的助动词：

意大利语 sono stato＝法语 je suis été[②]

法语讲得不好的瓦隆人就是这样模仿意大利语的样子造句的。

动词 avoir 的各种时态与其他动词结合，可构成另外的时态，对此有必要用下表加以说明[③]：

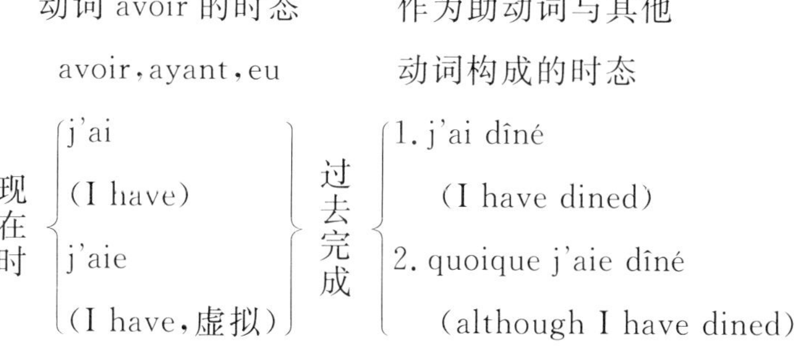

动词 avoir 的时态 avoir，ayant，eu		作为助动词与其他动词构成的时态	
现在时	j'ai (I have) j'aie (I have，虚拟)	过去完成	1. j'ai dîné (I have dined) 2. quoique j'aie dîné (although I have dined)

① 现在完成时和过去完成时，英译分别为 I have been，I had been。——校者注

② 标准的形式是 j'ai été；sono stat，按字面英译就是 I am been。——校者注

③ 为便于理解，我们附注了英语中相应的时态形式。各种时态的法文名称如下：现在时（présent）；prétérit parfait（过去完成时，今多称 passé composé"复合过去时"，注意与英语的"过去完成"不同）；imparfait（未完过去时）；aoriste（不定过去时，现在也称 passé simple"简单过去时"）；prétérit parfait simple（简单过去完成时，从表中所提供的例子来看，也即过去完成或复合过去时）；prétérit conditionnel（条件过去时）；plus-que-parfait（愈过去时）；futur（将来时，也称简单将来时）；futur parfait（将来完成时，也称 futur antérieur"先将来时"）。——校者注

未完过去 { j'avais (I had)；j'eusse (I had，虚拟)；j'aurais (I would have) }

不定过去 { j'eus (I had) }

简单过去完成 { j'ai eu (I have had) }

} 愈过去时 {
1. j'avais dîné
(I had dined)
2. si j'eusse dîné
(if I had dined)
3. quand j'aurais dîné
(when I would have dined)
4. quand j'eus dîné[不确定]
(when I had dined)
5. quand j'ai eu dîné[确定]
(when I had dined)
6. quand j'eusse 或
j'aurais eu dîné [条件式]
(when I had 或 would have dined)
}

条件过去 { j'eusse eu (I had had [虚拟])；j'aurais eu (I would have had) }

将来时 { j'aurai (I will have) } 将来完成或虚拟时 { quand j'aurai dîné (when I will have dined) }

不定式现在时 { avoir (to have) } 不定式过去时 { après avoir dîné (字面义：after to have dined) }

现在分词—ayant (having)过去分词—ayant dîné (having dined)

但是，如果说所有通俗语言的这种好像来自德语的表达方式显得很奇怪[①]，那么，在名词与助动词和分词连接以构成过去时的时候，就显得更加离奇了。因为：

1)动词的主格不会引起分词的任何变化，因此不论是单复数主格还是阴阳性主格，分词不变：

il a aimé(他爱了)

ils ont aimé(他们爱了)

elle a aimé(她爱了)

elles ont aimé(她们爱了)

而不说：

ils ont aimé*s*(他们爱了)

elle a aimé*e*(她爱了)

elles ont aimé*es*[②](她们爱了)

2)这一过去时所支配的宾格在置于分词后面的时候，也不会使分词发生任何变化，因此应当说：

Il a aimé Dieu.(他爱上了上帝。)

Il a aimé l'Eglise.(他爱上了天主教会。)

Il a aimé les livres.(他喜欢上了书。)

Il a aimé les sciences.(他喜欢上了科学。)

而不能说：

① 指用助动词表示时态。——校者注

② 法语格变体系中，-e 是阴性词尾，-s 是复数词尾，若是形容词，要随所饰代词、名词而变。——校者注

il a aim*ée* l'Eglise.

il a aimé*s* les livres.

il aimé*es* les sciences.

3)但是，在这种宾格置于助动词前面的时候(这种情况在散文中很少见，只有在宾格是代词或关系代词的时候才如此)，或者在宾格处于助动词之后、但在分词之前的时候(除了在诗句中，这种情况很罕见)，分词要与这一宾格的性和数相搭配。因此应该说：

la lettre que j'ai écrit*e*(我写的信)

les livres que j'ai lu*s*(我看过的书)

les sciences que j'ai apprise*s*[①](我学过的科学)

其原因是，que 在第一句中代替 laquelle，在第二句中代替 lesquels，在第三句中代替 lesquelles[②]。下列句子中也需按照同样的道理解释：

J'ai écrit la lettre，et je l'ai envoyée.

(我写了信，我把它寄出了。)

J'ai acheté des livres，et je les ai lus.

(我买了一些书，而且我把这些书看了。)

在诗句中也同样：

① 英译分别为：the letter which I have written; the books which I have read; the sciences which I have learned。——校者注

② Que，关系代词，相当于英语的 which；laquelle“那个”(阴性，单数)，lesquels“那些”(阳性，复数)，lesquelles“那些”(阴性，复数)。——校者注

Dieu dont nul de nos maux n'a les grâces bornées[①]

（我们的任何恶行都未束缚上帝浩荡的天恩）

句中不说 borné（受限制的、狭隘的），而用阴性复数的 bornées，是因为宾格形式的 grâces（天恩，阴性复数）虽然置于助动词的后面，但却居于分词之前。

然而，据沃热拉先生说，这条规则也有例外，即在分词置于其主格前面的时候，尽管这分词出现在助动词和宾格之后，它的词尾也没有任何变化，例如：

la peine que m'a donné cette affaire

（此事给我带来的痛苦）

les soins que m'a donné ce procès[②]

（这起诉讼案给予我的关怀）

对这类说话方式不大容易作出合理的解释，下面仅以法语为例说明我的主要看法。

在法语里，所有的动词都有两种分词，一种以-ant 结尾，另一种依据不同的动词变位以-é，-i，-u 等结尾，例如：

aimant　　aimé

écrivant　　écrit

① 英译为 God whose grace none of our evils has limited。——校者注

② 英译分别为：the misery which this affaire has given me; the care which this lawsuit has given me。——校者注

rendant　　rendu[①]

但也有一些不规则的动词结尾。

这里，我们可以在分词中看到两个问题：其一，分词是真正的形容名词，有性、数、格的变化；其二，主动分词和动词支配相同的格，例如拉丁语例子：

amans virtutem[②]（喜爱生活）

在缺乏第一个条件的时候，这种分词称作副动词（gérondifs），例如 amandum est virtutem[③]；在缺乏第二个条件的时候，主动分词最好称作动名词（noms verbaux），而不称作分词。

如此说来，我认为法语中的 aimant 和 aimé 这两个分词既然与动词支配同样的格，那么它们就是副动词而不是分词。正如沃热拉先生说的那样，当以-ant 收尾的分词像动词一样支配着格的时候，是没有阴性的，例如我们不能说：

j'ai vu une femme lisant*e* l'Ecriture[④]

（我看见一位在读《圣经》的妇女）

而只能说... lisant l'Ecriture。如果说，有时候有人把以-ant 结尾的分词写为复数，比如：

j'ai vu des hommes lisant*s* l'Ecriture

---

① 左栏为现在分词，右栏为过去分词，相当于英语 loving，loved；writing，written；rendering，rendered。——校者注

② 为宾格，英译 loving virtue。——校者注

③ 仍为拉丁语，无法文译释，英译为 one must love virtue。——校者注

④ 英译 I have seen a woman reading Scripture。——校者注

（我看见几位在读《圣经》的男人）

我认为这是一个无意中犯的错误，原因是 lisant 和 lisants 的发音几乎总是相同的，字母 t 和 s 通常是不发音的。我还认为，lisant l'Ecriture（在读《圣经》）等于是 en lisant l'Ecriture[①]（在读《圣经》），或相当于拉丁语的 in τώ legere scripturam[②]（在读《圣经》）。因此以 ant 结尾的副动词表示动词的动作。

对另一个分词 aimé，我认为可以作同样的解释。当它支配动词的格时，是副动词，没有性和数的变化，且表示主动意义，与以-ant结尾的副动词的区别只有两点。第一点区别是，以-ant 结尾的副动词表示现在，而以-é，-i，-u 结尾的副动词表示过去。第二点区别是，以-ant 结尾的副动词可以独立存在，或暗示了 en 这个小品词，而以-é，-i，-u 结尾的副动词总是需要有助动词 avoir 或 être 相伴随，例如：

J'ai aimé Dieu.（我爱上了上帝。）

以-é，-i，-u 结尾的分词不仅可以作主动副动词，还可以作被动分词；在它作被动分词的时候，要与实体名词的两个性、两个数[③]搭配，并且没有格的变化。依据这种使用方法，它与 être 配合可表示所有的被动时态：

il est aimé（他被爱）

---

① 相当于英语 in reading the Scripture。——校者注

② 相当于英语 in [the] reading the Scripture。拉丁语没有定冠词，所以作者借用了希腊文的定冠词 τώ（英译作 τò）。——校者注

③ "两个性、两个数"指的是阳性和阴性、单数和复数。——译者注

elle est aimée(她被爱)

ils sont aimés(他们被爱)

elles sont aimées(她们被爱)

按照上述道理，我们便可以解决下列难题。我们为什么应当说：

J'ai aimé la chasse.(我爱上了打猎。)

J'ai aimé les livres.(我爱上了书。)

J'ai aimé les sciences.(我爱上了科学。)

而不应当说：

J'ai aimé*e* la chasse.

J'ai aimé*s* les livres.

J'ai aimé*es* les sciences.

这是因为，句中的 aimé 这个词像动词一样支配着格，它是副动词，没有性数的变化。

但是让我们来看下面的表达方式：

la chasse qu'il a aimé*e*

(他爱上了的打猎)

les ennemis qu'il a vaincu*s*

(他战胜了的敌人)

Il a défait les ennemis, il les a vaincu*s*.

(他击溃了敌人，并战胜了他们。)

其中的分词 aimée, vaincus 没有支配什么事物，却受动词 avoir 的支配，其意义等于说：

quam habeo amatam

quos habeo victos①

所以，上述句子中的 aimé 和 vaincu 被视为有性数变化的被动分词，应当与有关的名词或代词搭配。

其原因是，即使动词过去时所支配的关系词或代词置于动词过去时的前面，如果这个动词过去时还支配后随的另一个词，它就又变成了副动词，没有词尾变化。例如我们可以说：

cette ville que le commerce a enrichie②

（商业使之强富庶的城市）

照样也应该说：

cette ville que le commerce a rendu puissante③

（商业使之强盛的城市）

在这里，不能说 rendu*e* puissante④，因为 rendu 这个词支配 puissante，是副动词。至于前面谈到过的例外现象，即 la peine que m'a donné cette affaire（这件事给我带来的痛苦），其原因似乎

① 拉丁语，英译分别为：whom I have loved; whom I have conquered。第一句中的 amatam“所爱的”（过去分词）与 quam“谁”（关系代词）相呼应，为单数、阴性、宾格形式；第二句中的 victos“战胜”（过去分词）与 quos“谁”（关系代词）相呼应，为复数、阳性、宾格形式。——校者注

② 英译为 this city which trade has enriched。——校者注

③ 英译为 this city which commerce has made powerful。——校者注

④ 虽然 ville“城市”是阴性名词，但不因此用 rendu 的阴性形式 *rendue*。——校者注

在于人们把 affaire(事)看作 donné(带来)的宾格(尽管它在这里是主格),因为它处于宾格的位置;还因为法语特别讲究话语的清晰明确,注重表达时词语的自然位置,因此,在分词支配某个词的时候,既然它通常支配着一个跟在后面的名词,人们就习惯于把分词视为没有词尾变化的副动词。下面谈及的关于助动词 être 代替 avoir 的例句,将进一步证实上述观点。

助动词 être(是)代替 avoir(有)的两种场合:

第一种场合见于这样一些主动动词,它们都带有自反代词 se,所表示的动作又返回主语本身,例如:

se tuer(自杀)

se voir(看见自己)

se connaître(认识自身)

在这种场合下,构成过去时及其相关时态的动词是 être,而不是 avoir:

Il s'*est* tué.(他自杀了。)

Il s'*est* vu.(他看见了自己。)

Il s'*est* connu.(他认识了自己。)

即不是 il s' a tué 等。很难猜测这种用法源于何处,因为,虽然德国人似乎开创了主动过去时使用助动词的先例,但是他们却不使用这种表达方式,他们在这种场合按照惯例使用 avoir①。尽管如

---

① 德语里表达“他自杀了”一义,是“Er hat sich selbst getötet”,用的助动词是 haben“有”。——校者注

此，我们可以说，既然在这种场合同一主语包含着动作和情感二者，人们就会喜欢使用更便于表达情感的 être，而不使用只便于表达动作的 avoir。因此，il s'est tué 的意思也就是 Il est tué par soi-même（他被他自己杀了）。

但是，还应当指出，在 tué，vu，connu 这类分词仅仅与自反代词 se 相关联（并且 se 被重复加强）时，分词便置于自反代词的后面，例如：

Caton s'est tué soi-même. ①

（加图自己杀了自己。）

在这种情况下，分词与所谈到的人和物的性、数搭配：

Caton s'est tué soi-même.

（加图自杀了。）

Lucrèce s'est tué*e* soi-même.

（卢克莱丝自杀了。）

Les Sagontins se sont tué*s* eux-mêmes. ②

（萨贡旦人自杀了。）

但如果分词支配一个不同于自反代词 se 的事物，例如：

Œdipe s'est crevé les yeux. ③

① 字面义的英译为 Cato himself has killed himself。——校者注

② Caton 是男人名，为单数、阳性，故分词 tué 也用阳性、单数；Lucrèce 是女人名，为单数、阴性，故分词 tué 变为相应的单数阴性形式 tuée；Les Sagontins 为复数阳性名词，故分词 tués 也用复数阳性形式。——校者注

③ 英译：Œdipe has put out his own eyes.——校者注

(俄狄浦斯弄瞎了自己的眼睛。)

那么,由于分词起着支配后随成分的作用,它就变成了主动的副动词,从而不再有性、数的搭配,例如:

Cette femme s'est crevé les yeux.

(这女人弄瞎了自己的眼睛。)

Elle s'est fait peindre.

(她请人给她作画。)

Elle s'est rendu la maitresse.

(她使自己成为女主人。)

Elle s'est rendu catholique.

(她使自己皈依了天主教。)

我知道,沃热拉先生特别是马雷伯先生①对以上最后两个例句持有疑义;其实沃热拉也承认,马雷伯的观点并没有被普遍认可。然而,他们提出的理由让我觉得他们的理解有误,同时也促使我们去分析具有更多难点的其他表达方式。

他们主张,应该区别在什么场合下分词表示主动,在什么场合下分词表示被动。这样说当然是正确的。他们还说,当分词表示被动的时候有词尾变化;当分词表示主动的时候词尾则没有变化。这样说也是正确的。但是下列句子就不同了:

Elle s'est rendu[或用 rendu*e*] la maitresse.

---

① 马雷伯(François de Malherbe,1555—1628),法国学者,为贵族语言之代表,以捍卫法语的"纯洁"而闻名。——校者注

(她使自己成为女主人。)

Nous nous sommes rendu [或用 rendus] maitres. ①

(我们使自己成为主人。)

我看不出其中的分词 rendu 是表示被动,恰恰相反,我认为它表示的是主动意义。他们没有看清的一点是:虽然这些分词在与 être 连用的时候表示被动,例如 il a été rendu maître(他被造就成为主人),但应当是在 être 具有独立的功能,而不是在它代替 avoir 的时候。对此上文在谈及自反代词 se 的时候已有说明。

因此,马雷伯的解说仅仅适用于另外一些情况,即,分词虽然与自反代词相伴随,却表示被动意义,例如:

Elle s'est trouvé [或 trouvée] morte. ②

看来,在这个句子里,理性要求分词具有性数变化,但是这种变化并不像马雷伯所说的那样要看分词后面是否跟随一个名词或另一个分词。因为马雷伯认为,当一个分词后面跟随着另一个分词的时候,前一个分词没有词尾变化,那样我们就得说:

Elle s'est trouvé mort.

而当一个分词后面跟随着一个名词的时候,这个分词应该有词尾变化。可是我实在看不出此论有什么根据。

需要指出的是,我们时常不能清楚地判断自反句式中的分词

① 英译分别为:She has made herself mistress; we made ourselves masters。——校者注

② 英译:She was found dead(她被发现死了)。——校者注

到底表示主动还是表示被动，例如：

Elle s'est trouvé [或 trouvée] malade.

（她病了。）

Elle s'est trouvé [或 trouvée] guérie.[①]

（她治愈了。）

其原因是，这两句话有两重意思。第一重意思是，她被别人发现在生病，或被别人治愈；第二重意思是，她发现自己生了病，或自己把自己治愈了。按第一重意思理解，分词应是被动的，因此具有词尾变化；按第二重意思来理解，分词则应是主动的，因此没有词尾变化。既然句子（la phrase）足以确定意义，它也就确定着自身的结构，所以上述说法没有什么可怀疑之处。例如：

Quand le médecin est venu, cette femme s'est trouvé*e* morte.[②]（医生来了之后，这女人[被发现]已死了。）

因为在这里用的是 trouvé*e* 而不是 trouvé，所以意思就是医生和在场的人发现她已死，而不是她自己发现自己死了。但是如果我说：

Madame s'est trouvé mal ce matin.[③]

（今天早晨夫人感觉不舒服。）

---

① 英译分别为：She has found herself ill; she has found herself cured。——校者注

② 英译为：When the doctor arrived, this woman was found dead。——校者注

③ 英译为：Madame found herself ill this morning。——校者注

这里就应当使用 trouvé 而不是 trouvé*e*,因为我想说的是她自己感觉不好,因此句子具有主动意义。这些例句都证实了前述普遍规则,即,在分词支配一个对象的时候,它是一个副动词,其词尾是不变的;而在分词不支配任何对象的时候,其词尾则应变化。

我知道,在法语中对这些表达方式还没有定论,但我认为,为了使这些表达方式成为规则,至少应当在用法尚未完全确定下来的情形下,弄清分词的支配成分。

在过去时态中 être 代替 avoir 的另外一种场合,是在使用某些不及物动词的时候。这些不及物动词所表示的动作作用于主语自身,如 aller(走、去),partir(出发),sortir(出去),monter(上去),descendre(下来),arriver(到达),retourner(返回):

Il est allé.(他去了。)

Il est parti.(他出发了。)

Il est sorti.(他出门了。)

Il est monté.(他上去了。)

Il est descendu.(他下去了。)

Il est arrivé.(他到达了。)

Il est retourné.(他返回了。)

而不能说:il a allé,il a parti 等。在这种情况下过去分词与动词的主语性数搭配:

Cette femme est allée à Paris.(这位女士去巴黎了。)

Elles sont allées.(她们去了。)

Ils sont allés.(他们去了。)

但是，有些不及物动词会变成及物动词，并表示主动意义，这时，在它们支配某个词的时候，它们的助动词又改用 avoir，而其分词则是副动词，并没有性数的变化。例如：

Cette femme a monté la montagne.

（这位女士登上了山。）

而不说 est monté 或 est montée，或 a montée。但如果有人偶尔说：

Il est sorti le royaume.

这仅仅是省略句式，完整的句子应当是：

Il est sorti hors le royaume.

（他离开了王国。）

第二十四章　论连词和感叹词

第二种用于表达我们的思想形式，而不是表达思想对象的词，是连词(conjonction)，例如拉丁语的 et(和)，non(不、无)，vel(或者)，si(如果)，ergō(因此)。仔细思考一下，就可以看出这些小品词只是表示精神活动的过程：联结或分割、否定、绝对肯定、有条件地肯定。例如，在我们思维之外的世界中并不存在可以用小品词 non 来表示的事物，这个词仅仅表示我们对于一个事物是它自身，而不是另一事物的判断。

同样，拉丁语中的疑问小品词 ne[①] 也不表示我们精神之外的任何事物：

ais-ne?[②]（您说呢？）

这个小品词仅仅表示我们内心的活动，表示我们希望了解某一件事。

这就是为什么在这里我没有谈及疑问代词 quis，quoe，quid[③]。

---

① 这个疑问小词置于一个词的后面，表示“是吗”、“对吗”、“是真的吗”等意思，其作用有点像汉语的“呢”、“吗”。——校者注

② 英译：Do you say? ——校者注

③ quis，quoe，quid(谁，什么)，依次为阳性、阴性、中性形式。——校者注

因为这些疑问代词只不过是加入小品词 ne 所含意义，也就是说，它们除了像其他代词那样起代替名词的作用之外，还表示我们想要知道一件事情的内心疑问。因此我们看到，可以使用不同的方式来表现这种内心活动。这种内心活动有时只是通过语调的变化(l'inflexion de la voix)来表达，而在书写时则用一个被称为疑问符号的标记(?)来表达。

在法语中，我们也把代词 je(我)，vous(您，你们)，il(他，它)，ce(这个)放在动词人称形式的后面来表示疑问[①]；而在通常的表达方式中[②]，这些代词置于动词的前面。例如：

j'aime(我爱)

vous aimez(您爱)

il aime(他爱)

c'est(这是)

这些句子表示断言。但是如果我说：

aimé-je?（我爱吗?）

aimez-vous?（你们爱吗?）

aime-t-il?（他爱吗?）

est-ce?（这是?）

这样，句子就表示疑问。顺便应当提醒注意，诸如 sens-je?（我感觉到了吗?）、lis-je?（我读书吗?）这样的句子不应当说成 senté-

① 即主谓倒装疑问句。——译者注

② 通常的表达方式：指的是直陈式句子。——译者注

je? lisé-je? [①]这是因为，要构成疑问句式，在句子中应当使用第一人称动词变位，只需变换代词的位置。

还应该注意，在动词第一人称以阴韵 e[②] 结尾的时候，如 j'aime(我爱)，je pense(我想)，在疑问句里要把这个阴韵变成阳韵的 e，因为紧跟其后的 je 也以阴韵 e 结尾，而在法语里不应当有两个连着的词用阴韵 e 结尾。因此应当说：

aimé-je?（我爱吗?）

pensé-je?（我想吗?）

manqué-je?（我缺乏吗?）

但其他人称的疑问句应当是：

aimes-tu?（你爱吗?）

pense-t-il?（他想吗?）

manque-t-il?（他缺乏吗?）

等等。

论　感　叹　词

感叹词也不表示任何存在于我们之外的事物，仅表示我们内心活动而自然发出的声音，而非特意发出的声音，例如：

---

① 英译这两句原文分别为 sentéz-je? 和 Lisés-je? ——校者注

② 阴韵 e，指词末的哑音 e。与此相对而言，阳韵 e 是指词末发音的 e(因为法语的词重音总是落在最后一个音节，所以阳韵 e 也就是带重音的 e)。——校者注

ah！（啊）

o！（噢）

heu！（嗯）

hélas！（哎呀）

……

第二十五章　论句法或用词造句

最后我们讨论句法(syntaxe)或用词造句①(construction des mots)。依据我们已经确定的原则,理解句子的定义已不在话下。

用词造句通常分为两种情况:

一种是一致关系(convenance②),此时词与词要互相协调;另一种是支配关系(régime③),此时一个词导致另一个词发生变化。

第一种关系几乎在所有的语言里都是相同的,因为这是词与词的自然顺序,这种顺序处处使用,使得话语清晰明白。

譬如,单数与复数的区别,要求名词与形容词在数量上保持一致,即,当其中一个词是单数或复数的时候,另一个词也应当是单数或复数。其原因是,虽然形容词具有直接修饰名词的性质,但这种修饰还没有明示;如果实体名词指称几个事物,即由形容词修饰的主体不止一个,那么形容词就应当用复数,例如:

拉丁语　homines docti

法　语　hommes doctes

① "用词造句",胡译"缀词法"。——校者注

② 英译 agreement。——校者注

③ 英译 government。——校者注

（有知识的人们）

同时，阴性和阳性的区别要求名词和形容词保持词性的一致，而在有中性名词的语言里，名词和形容词要都用中性。正是出于这种需要，人们才发明了三个语法词性。

与此类似，动词也应当与名词或代词的数和人称一致。

但是，有时也会出现违反这些规则的情况，那是由修辞格[①](fugure)引起的，即在为了暗示某个词或强调某个观念而非词语本身的语境。我们将在下文讨论这个问题。

相反，表示支配关系的句法几乎完全是任意的，因此各种语言之间的差别很大。有的语言使用格来表示支配关系，有的语言不用格，而只使用一些小品词表示若干格的概念。例如，法语和西班牙语只有 de 和 à，分别表示生格和与格；意大利语还有一个 da，表示夺格[②]。表示其他的格则没有小品词，只是偶尔使用冠词。

关于这个问题，可以参见上文关于介词和格的章节。

无论如何，依然应当注意某些在所有语言里都很通用的普遍准则。

准则一，没有任何一个主格不与动词或暗示的动词相关，因为人们讲话不仅为了表达所构想的事物，而且还要表达对所构想的事物的判断，这就要由动词实现。

准则二，没有任何一个动词不与主格或暗示的主格相关，因为动词的本质就在于表示断言；必须有某个有待断言的事物，而这个

① “修辞格”，胡译“修辞说法”。——校者注

② “夺格”，胡译“副格”。——校者注

被断言的事物就是主语或动词的主格，尽管它在不定式前面时是宾格：Scio Petrum esse doctum[①]（我知道彼得很博学）。

准则三，没有任何一个形容词不与名词相关，因为形容词只是有待于修饰名词，而这个名词所指的主体则由形容词明示其性质，例如 doctus（博学的）这个词与某个博学的人相关。

准则四，在话语中，没有任何一个生格不由另一个名词支配；这个格总是表示所有者，所以应当由被占有的事物支配。因此，在希腊语和拉丁语中，没有一个动词直接支配生格，请参见《入门新法》。这条规则不太适用于各种通俗语言，因为表示生格的小品词 de 常常被用来代替介词 de[②]，也即 ex（从……）。

准则五，动词支配什么样的成分，常常是从各种格所内含的不同关系之中进行选择，而这种选择往往是任意的习惯使然；这样的选择并不改变每个格的特有关系，而只说明人们可以根据习惯用法作出这样那样的选择。

因此，在拉丁语中可以说 juvare aliquem[③]（帮助某人），也可以说 opitulari alicui（帮助某人），尽管意思一样，都表示“帮助”，却是两个不同的动词。原因在于，拉丁人把第一个动词 juvare 所支配的成分视为表示动作所及的词语，而把第二个动词 opitulari 所

① Petrum 是宾格，主格为 Petrus。此句英译为：I know Peter [him] to be learned. ——校者注

② 法语的 de 有多种用法，如在 les livres de Jean（让的书）中，de 表示领属关系；而在 revenir de la campagne（从乡下回来）中，de 表示地点关系（在拉丁语里则用 ex）。作者所说的“表示生格的小品词 de”，其实也是介词。——校者注

③ aliquem 系宾格，alicui 为与格，其主格是 aliqui（某人）。——校者注

支配的成分视为与动词表示的动作相关的格，具有给予的意义。[①]

因此，在法语里我们说 servir quelqu'un（为某人服务），但又能说 servir à quelque chose[②]（用于某物）。

因此，西班牙语中的大部分主动动词一律支配与格或宾格。

因此，同一个动词可以接受不同的支配成分，在加入介词的时候尤其如此。例如拉丁语：proestare alicui，或 proestare aliquem[③]（超过某人）。

因此，在拉丁语里还可以说 eripere morti aliquem[④]（把某人从死神手中抢夺过来），或 mortem alicui[⑤]，或 aliquem à morte[⑥]，等等。

在语言习惯允许的情况下，这些不同的支配方式有时甚至可

① 这句话不太容易理解，谨将原文和英译附录于下，供读者参考。原文："... regarder le régime du premier verbe, comme le terme où passa son action, et celui du second comme un cas d'attribution, à laquelle l'action du verbe avait rapport."

英译："... to regard the word which the former verb governs as the term where the action takes place, and the word which the latter governs as an instance of attribution, to which the action of the verb was related."——校者注

② 两个表达分别相当于英语的 to serve someone 和 to serve for something，也对应于上一段说的两个都表示"帮助"的动词。——校者注

③ 前者为与格，后者为宾格，用英语说都是 to surpass someone；proestare，今拼 praestare。——校者注

④ 动词 eripere（拔出，拉出）要求带一个直接宾语（aliquem"某人"，宾格）和一个间接宾语（morti"死亡"，与格）。此短语相当于英语 to snatch someone from death。——校者注

⑤ 这里，mortem 为宾格，alicui 为与格。相当于英语[to snatch] death from someone。——校者注

⑥ 这里的 aliquem 变成了宾格，介词 à（从，来自）要求带夺格名词 morte（主格为 mors）。相当于英语[to snatch] someone from death。——校者注

以改变词语的意义。例如在拉丁语中，cavere alicui 意为“关照、保护某人”，而 cavere aliquem 意为“提防某人”[①]。在这类场合始终需要了解各种语言的习惯。

论造句的辞格[②]

前文关于句法的论述足以说明句子的自然顺序，这意味着，话语的每个成分简单、直接地得到表达；句子中的词不多也不少，恰好符合我们要表达的思想。

但是人们往往更加注重表达其思想所含的意义，而不注重表达意义的词；为了简洁起见，人们常常删除话语中的某些词；甚至，人们有时还在话语中加入某些看来多余的词，或者颠倒话语的自然顺序，以使话语优美动听。为此，人们便运用四种称作修饰手段(figurées[③])的表达方式；这些表达方式虽然有时可以完善和美化语言，但在语法上却属于不规则现象。

有一种构句方式与我们的思想而不是与话语中的词更为一致，那就是兼用法(syllepse[④])，或叫概念法(conception)。例如我说：

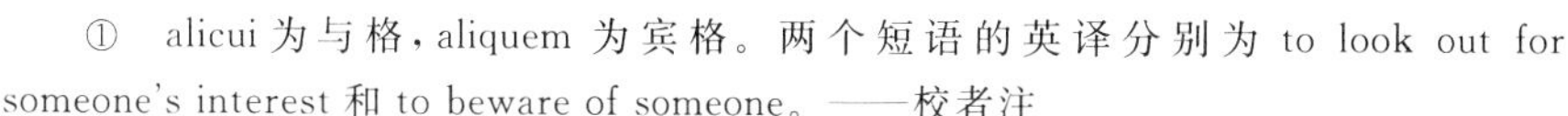

① alicui 为与格，aliquem 为宾格。两个短语的英译分别为 to look out for someone's interest 和 to beware of someone。——校者注

② 原文小标题为 Des Figur de Construction，英译 Of the figures of construction，胡译“修辞结构”。——校者注

③ 英译 figurative，胡译“修辞说法”。——校者注

④ 英语 syllepsis，或译“共轭法”；胡译“意叙法”。——校者注

Il est six heures.（现在 6 点钟了。）

这个句子就属于兼用法，因为如果按照词本身的要求，应该说成：

Elles sont six heures.[①]

而过去人们确实这样说过，就像应该说 ils sont six，huit，dix，quinze hommes（他们是 6 个、8 个、10 个、15 个人）那样。但是，因为人们所强调的只是一个确切的时间，即第六个小时，我的思想就集中在那上面，并不去注意词的配合，于是便导致了 il est six heures 的说法，而不是 elles sont six heures。

这种造句方式有时会导致一些违背规则的语句，例如不合乎词性搭配的语句：

Ubi est scelus qui me perdidit?[②]

（使我遭受厄运的罪孽何在？）

或违背数的搭配的语句：

turba ruunt[③]（人群蜂拥而来）

或性、数都有问题的语句：

---

① Il est six heures，逐词按字面译出是"它一是一六一小时"；Elles sont six heures，按字面译出是"她们一是一六一小时"（其中的 sont"是"为第三人称复数形式）。——校者注

② 英译：Where is the crime which destroyed me? 拉丁文原句中的 scelus（罪孽）是中性名词，而与之配合的关系代词 qui 则为阳性。——校者注

③ 名词 turba（人群、一伙人）为单数，动词 ruunt（涌动）则是复数形式。——校者注

pars mersi tenuere ratem[1]

（有些人虽落水了，但仍拽着船。）

另一种方式是从话语中删除某些词，叫作省略法（ellipse），或叫缺省法（défaut）。例如，动词有时在句子里只是得到暗示，这在希伯来语里很普通，对实体动词几乎总是加以暗示。

有时暗示主格，如说 pluit（下雨），以代替 Deus pluit（神下雨）或 natura pluit（天下雨）。

有时暗示名词，仅仅明示形容词，例如 Paucis te velo（我想对你[说]几句[话]），暗示了 verbis alloqui（说话）。

有时暗示支配另一个词的词，例如用 est Romoe（他在罗马）代替 est in urbe Romoe[2]（在罗马城）。

有时暗示被支配的词，例如西塞罗的一句话：facilius reperias，qui Romain proficiscantur，quam qui Athenas（你会更容易找到去罗马的，而不是去雅典的），暗示了 homines（人）这个词。

还有一种构句方式叫同义叠用[3]（pléonasme）或冗余（abondance），即加进某些多余的词，例如 vivere vitam[4]（过着生活），magis major[5]（比更大还大），等等。

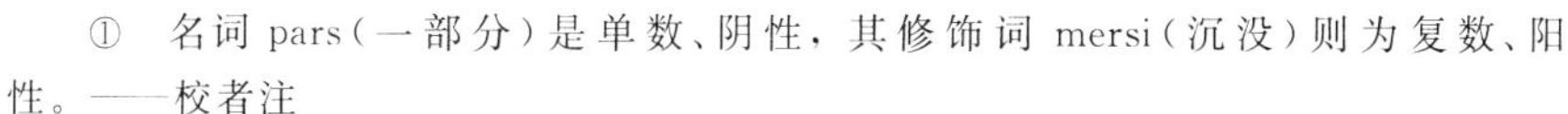

① 名词 pars（一部分）是单数、阴性，其修饰词 mersi（沉没）则为复数、阳性。——校者注

② 英译指出，这个例子是不对的，因为 est Romoe 这个句子里的 Romoe（今拼 Romae）并非生格，而是表示方位的夺格。——校者注

③ 胡译“重复法”。——校者注

④ 即前文已提到过的同源宾语，相当于英语 live a life。——校者注

⑤ major（更大）已是 magnus（大）的比较级，再加上 magis（更加），语义当然就重复了。就好比英语里说 more greater 一样。——校者注

最后是倒置(hyperbate),或称逆序(renversement)[1],这是一种把话语的自然顺序颠倒过来的造句法。

在各种通俗语言的语法中都能找到这些修辞造句法。作者在希腊文和拉丁文《入门新法》中,对此作了充分的论述。

我想再说明一点:几乎没有哪种语言比法语更审慎使用这些修辞造句法,因为法语钟爱清晰明确,力求用最自然、最明白的方式表达事物;然而,就优美高雅而言,法语堪比任何语言。

提　　示

在这本语法书里我们没有讨论派生词和复合词,关于这两类词确实尚有许多有趣的东西要说。但是,谈论这些问题是普通词典的任务,而非普遍语法之所能。不过我们要很高兴地告诉各位,在这本语法第一版问世以后,一本题为《逻辑学或思维术》的著作也已出版。这部著作立足于跟本书相同的原理,有助于理解本书,并就这里提出的一些问题加以论证。

① 相应的英语名称是 hyperbaton 和 reversal。——校者注

术语对照表

被动动词(verbe passif)　112,137,139,144,160

闭音符,闭合重音(accent aigu)　16

变格(déclinaison)　31,54

变位(conjugaison)　31,118,128,151,167,181

表意的方式(la manière de signifier)　32

表语(attribut)　108,109,111,113,115,137,151,160

宾格(accusatif)　16,51,52,56,58,64—67,71,77,141,142,154—156,165—168,171,172,185—187

宾语(objet)　52,63,87,141,186,189

不定冠词(article indéfini)　54—56,88

不定过去时(aoriste)　112,161,163

不定过去时(prétérit indéfini,或 aorist)

不定式(infinitif)　52,82,83,110,112,113,119,131—133,142—144,152,154—157,159,164,185

不及物动词(verbe intransitif)　139,177,178

禅德语(zend)　xx

长音符(circonflexe)　16

词的组合(construction des mots)　183

词尾(terminaison)　41,43—47,50—52,78,108,112,117—121,127,128,130,154—156,161,165,167,171,172,174—177

词形(la forme)　32,34,105,153

代词(pronom)　30,34,45,47,53,63—72,86,104,109,113,117,119,120,132,136,140,148,165,166,171,180,181,184,188

人名对照表

Aristotles　亚里士多德
Arnauld, Antoine　安托尼·阿尔诺
Aufeild, W.　W.奥菲尔德
Barcley, Alexander　亚历山大·巴克莱
Bèze, Théodore　泰奥多尔·贝兹
Bibbesworth, Walter de　沃尔特·毕贝斯沃尔斯
Bonnet-Condillac, Étienne　埃蒂安·博耐-孔迪亚克
Bopp, Franz　弗朗兹·葆朴
Bouhours, Dominique　多米尼克·布胡尔
Brutus, Junius　朱纽斯·布鲁图
Buffier, Claude　克洛德·比费埃
Buxtorf, Johannes　布克斯多夫
Cahiers　卡伊埃
Chifflet, Laurent　洛朗·谢夫莱
Cicéron　西塞罗
Claude　克洛德
Cotgrave, Randle　兰德·科格拉瓦
Dewes, Giles　吉尔·戴维斯
Dolet, Estienne　艾蒂安·多莱
Duclos, Charles　迪克罗
Durkheim, Emile　埃米尔·迪尔凯姆
Estienne, H.　H.艾蒂安
Estienne, R.　R.艾蒂安
Féraud, Jean-François　让-弗朗索瓦·费罗
Furetière, Antoine　安托尼·菲雷蒂埃
Guillaume, Gustave　古斯塔夫·纪尧姆
Hindret, J.　J.安德莱
Lancelot, Claude　克洛德·朗斯洛
Lanoue, Odet　奥代·拉努
Malherbe, François de　马雷伯
Marsais, César　塞扎尔·马尔塞
Maupas, Charles　夏尔·莫帕
Meigret, Loys　路易·梅格莱
Meschonnic, Henri　亨利·梅硕尼克
Mirabile, Paul　保罗·米拉比尔

Nicot,Jean　让·尼科
Oudin,Antoin　安托尼·吴丹
Palsgrave, Jean　让·巴尔斯格拉瓦
Peletier,Jacques　亚克·佩尔蒂埃
Plaute　普劳图
Pliny(Gaius Plinius Secundus) 普利耐
Quitard,P. M.　P. M. 齐塔尔
Ramus,Pierre　皮埃尔·拉米斯
Rask,Rasmus　拉斯姆斯·拉斯克
Régnier-Desmarais,François　弗朗索瓦·雷尼埃-德马雷
Richelet,Pierre　皮埃尔·利什莱
Saussure,Feidinand de　索绪尔
Scaliger, Julius Caesar　儒勒-凯撒·斯卡利杰
Tabourot, Estienne　艾蒂安·塔布罗
Tarde,Gabriel　加布埃尔·塔尔德
Tite-Live　提图-李维
Vaugelas, Claude　克洛德·沃热拉
Vaugelas,Claude Favre de　沃热拉
Walras,Léon　列昂·瓦尔拉

图书在版编目(CIP)数据

普遍唯理语法/(法)安托尼·阿尔诺,(法)克洛德·朗斯洛著;张学斌,柳利译.—北京:商务印书馆,2017
(汉译世界学术名著丛书:120年纪念版:珍藏本)
ISBN 978-7-100-14914-3

Ⅰ.①普… Ⅱ.①安… ②克… ③张… ④柳… Ⅲ.①语法学—研究 Ⅳ.①H04

中国版本图书馆CIP数据核字(2017)第161223号

汉译世界学术名著丛书
(120年纪念版·珍藏本)
普遍唯理语法
〔法〕安托尼·阿尔诺 克洛德·朗斯洛 著
张学斌 柳利 译
姚小平 校

商务印书馆出版
(北京王府井大街36号 邮政编码100710)
商务印书馆发行
北京冠中印刷厂印刷
ISBN 978-7-100-14914-3

2017年12月第1版 开本710×1000 1/16
2017年12月北京第1次印刷 印张14½
定价:70.00元